Hildegard von Bingen

Einfach und gesund kochen

Brigitte Pregenzer
Brigitte Schmidle

Hildegard von Bingen Einfach und gesund kochen

rund 200 Rezepte
mit Fotos von Brigitta Wiesner

Tyrolia-Verlag · Innsbruck-Wien

Sämtliches Geschirr und die Küchenutensilien für die Fotos wurden von Firma Bösch Haushalt und Geschenke, Goethestraße 12, 6890 Lustenau, zur Verfügung gestellt, der wir an dieser Stelle für ihr Entgegenkommen herzlich danken.

Mitglied der Verlagsgruppe „engagement"

Bibliografische Information Der Deutschen Bibliothek
Die Deutsche Bibliothek verzeichnet diese Publikation in der Deutschen Nationalbibliografie; detaillierte bibliografische Daten sind im Internet über http://dnb.ddb.de abrufbar.

Sonderausgabe 2006

Umschlaggestaltung: stadthaus 38, Innsbruck
Layout: Tyrolia-Verlag
Lithographie: Artilitho, Gardolo (TN), und Athesia-Laserpoint, Innsbruck
Druck und Bindung: Ma-Tisk, Slowenien
ISBN-13: 978-3-7022-2758-6
ISBN-10: 3–7022–2758-X
E-Mail: buchverlag@tyrolia.at
Internet: www.tyrolia.at

Inhalt

Hildegard-Homepage:
http://vorarlberg.orf.at

„Über ein gutes Werk freut sich die Seele, wie der Leib durch eine schmackhafte Speise erquickt wird."

(Hildegard von Bingen)

Zu diesem Buch

Seit 1996 präsentiert Brigitte Schmidle jeden Dienstag bei Radio Vorarlberg die Reihe „Gesund leben“. Das Interesse an dieser Reihe ist nach wie vor ungebrochen. Die darin vorgestellten Rezepte stammen von der Hildegard-Küchen-Expertin Brigitte Pregenzer, die sich auch einen Namen als hervorragende Hildegard-Kursleiterin gemacht hat. Längst hat die Radio-Vorarlberg-Reihe auch bei den ORF-Regionalradios in Tirol und Salzburg eine große Fangemeinde, die Woche für Woche beim Kundendienst die Rezepte bestellt. Gerade dieser Wunsch nach den genauen Rezepten war es, der Brigitte Schmidle und Brigitte Pregenzer zur Herausgabe dieses Rezeptbuches veranlasst hat.

Jedes Rezept erfüllt drei wesentliche Anforderungen:

- es entspricht den Ernährungsrichtlinien der Hildegard von Bingen
- es ist einfach zuzubereiten
- es schmeckt ausgezeichnet.

Ich wünsche den beiden Autorinnen weiterhin viel Erfolg.

Wolfgang Burtscher
ORF-Landesdirektor Vorarlberg

Kochen mit Hildegard von Bingen

Heimische Produkte, möglichst wenige Zutaten und ein geschmacklich erstklassiges Ergebnis – das waren für uns wichtige Kriterien bei der Zusammenstellung der vorliegenden Rezepte. Sie beruhen alle auf den Ernährungsprinzipien der Benediktinerábtissin Hildegard von Bingen (1098–1179), die mit ihren Werken eine für die heutige Zeit bemerkenswert einfache, klare und gut nachvollziehbare Orientierung bietet – auch im Bereich der Ernährung.

Sich mit der Hildegard-Lehre im Allgemeinen, aber auch mit der Hildegard-Küche im Speziellen zu beschäftigen heißt, Verantwortung zu übernehmen. Verantwortung für sich selbst und Verantwortung für die Umwelt, beides ist untrennbar miteinander verknüpft. Im Bereich Ernährung entsprechen heimische und saisongerechte Produkte dieser Verantwortung. Wenn wir von umweltbewussten Bauern und Lieferanten unserer Region Produkte kaufen, sichern wir deren Existenz und gewährleisten für uns alle auch in Zukunft gesunde Lebensmittel. Der Markt orientiert sich immer an den Wünschen der Kunden. So hat sich bei uns in Vorarlberg das angebotene Produktsortiment seit Beginn unserer Hildegard-Aktivitäten deutlich „hildegardisch" erweitert! Es liegt also an jedem Einzelnen, initiativ zu werden und das Angebot mitzubestimmen.

Die Hildegard-Ernährungslehre setzt Lebensmittel als Heilmittel ein und zeigt damit eine interessante Parallele zur chinesischen Ernährungslehre. Über die Lebensmittel beziehen wir unsere Energie und je besser deren Qualität ist, desto energiegeladener und fröhlicher sind wir. Zwischen der Elemente-Lehre der heiligen Hildegard und der Fünf-Elemente-Lehre der traditionellen chinesischen Medizin lassen sich Vergleiche ziehen. Hildegard unterscheidet die Lebens- und Heilmittel etwa ähnlich der chinesischen Medizin nach den Kriterien „warm – kalt" und „trocken – feucht".

Das Leben soll – darauf weist Hildegard von Bingen immer wieder hin – voller Freude geführt werden. Das beinhaltet auch das Feiern von Festen an besonderen Tagen. Im Alltag sollten wir jedoch stets auf *Discretio* (das richtige Maß), *Ratio* (das rechte Urteilsvermögen) und *Subtilität* (die spezifische Heilwirkung jedes Lebensmittels) achten. Sie sind der Garant für Gesundheit und Wohlergehen. Eine genaue Beschreibung dieser Begriffe und eine Auflistung der Lebensmittel, die vermehrt gegessen bzw. gemieden werden sollten, finden Sie in unserem Buch *„Hildegard von Bingen, Einfach leben – Ein praktischer Ratgeber für Einsteiger"*.

Wir wünschen Ihnen viel Freude beim Ausprobieren der Rezepte und gutes Gelingen!

Brigitte Pregenzer und Brigitte Schmidle

Gewürze

Ackerminze

Die Ackerminze wärmt den Magen und fördert die Verdauung. Sie kommt vor allem bei empfindlichem Magen und bei Verdauungsschwächen zum Einsatz.
Ackerminzeblätter und zarte junge Triebe fein hacken und in Suppen, im Gemüse und in Fleisch- oder Fischgerichten mitkochen bzw. roh mit etwas Brot essen.

Beifuß

Beifuß wird auch „Wilder Wermut" genannt und ist mehr Heilmittel als Gewürz. Er hilft bei Gastritis, Magenempfindlichkeit und Sodbrennen und hat auch auf Leber und Bauchspeicheldrüse anregende Wirkung. Frische klein gehackte Beifußblätter oder 1–2 Messerspitzen Beifußpulver in Suppen, Gemüsen, Fleisch-, Geflügel- oder Fischgerichten mitkochen. Den Beifuß nur in kleinen Mengen verwenden, da er bitter schmeckt. Beifuß muss unbedingt mitgekocht werden!

Poleiminze, Griechenkleepulver, Kreuzkümmel
Galgant, Nelken
Kubebe, Fenchel
Bertram, Zimt
Bohnenkraut, Quendel, Ysop

Bachminze

Die Bachminze entlastet den Magen und die Atmung. Sie sollte speziell bei Übergewicht oft verwendet werden. Bachminze in Suppen, im Gemüse und in Fleisch- oder Fischgerichten mitkochen bzw. roh mit etwas Brot essen.

Basilikum

Basilikum hat kühlende Wirkung und ist deshalb ein ideales Sommergewürz. Außerdem hilft er bei Sprachhemmungen.

Bertram

Bertram ist ein Universalheilmittel und sollte in keinem Essen fehlen. Er wird häufig gemeinsam mit Galgant verwendet und passt zu allen würzigen Gerichten. Nach Hildegard von Bingen sorgt er für eine gute Verdauung, für gutes Blut und er sorgt für Kraft und Energie. Man kann ihn mitkochen, aber auch zum Schluss über die Speisen streuen.

Bohnenkraut

Bohnenkraut ist ein aromatisches Gewürz und passt zu allen Gemüsegerichten. Es gilt als Frohmacher und kann als Pulver, in gerebelter Form und frisch verwendet werden.

Dill

Dill darf nur gekocht oder gebeizt gegessen werden und sollte nicht täglich in der Küche eingesetzt werden.

Fenchel

Fenchel gehört zu den klassischen Frohmachern und passt vor allem zu Getreide- und Gemüsegerichten. Er reinigt den Magen, verhindert Mundgeruch, stärkt die Sehkraft, sorgt für eine gute Ausdünstung und Hautfarbe sowie für guten Körpergeruch.

> Am Morgen auf nüchternen Magen gekochten Fenchelsamen (vom Fencheltee) kauen.

Galgant

Galgant wird anstatt Pfeffer verwendet und passt überall, wo es würzig und scharf schmecken soll. Er ist das „Herzmittel" der Hildegard-Heilkunde. Aber auch bei Menstruationsbeschwerden, Kreislaufproblemen, Kraftlosigkeit, Kopfschmerzen und Durchblutungsstörungen hat er seine wärmende und entkrampfende Wirkung schon vielfach unter Beweis gestellt. Galgant ist in Pulverform oder auch in Form von Wurzelstückchen erhältlich.

> Kauen Sie beim Autofahren oder in Meetings eine Galgantwurzel, das steigert sofort die Konzentration und bringt Sie wieder in Schwung!

Gewürznelken

Das Gewürznelkenpulver sehr sparsam verwenden, denn es hat einen äußerst intensiven Geschmack.
Gewürznelken tragen dazu bei, dass das bei Gicht entzündete Bindegewebe abschwillt. Das Kauen von Gewürznelken (nicht mehr als 2–3 Stück pro Tag!) hilft auch bei Kopfbrummen aufgrund von Wetterfühligkeit.

Griechenklee

Griechenklee bzw. Bockshornklee könnte man als „Aromat der Hildegard-Küche" bezeichnen. Er passt vor allem in Suppen, Saucen und gebundene Gemüse. Griechenklee muss immer mitgekocht werden bzw. man lässt ihn 10 Minuten in heißer Flüssigkeit quellen. Er macht nach Hildegard den »rechten Appetit«, d. h. er zügelt einerseits den Appetit und regt ihn andererseits an.

Kreuzkümmel

Kreuzkümmel hat einen sehr intensiven Geschmack und wird auch Mutterkümmel genannt. Er erleichtert die Verdauung von Käse. Personen mit Herzproblemen müssen Kreuzkümmel meiden!

Kubebe

Die Kubebe ist eine Pfefferart, die sehr sparsam verwendet wird, da ihr Geschmack überaus intensiv ist. Sie passt in deftige Suppen und Getreidegerichte. Kubeben können sowohl zur sportlichen als auch zur geistigen Leistungssteigerung eingesetzt werden und helfen in Stress-Situationen und bei Angstzuständen.

> Tragen Sie ganz einfach eine kleine Dose mit Kubeben bei sich und zerkauen Sie bei Bedarf 2–3 Früchte.

Muskatnuss

Die Muskatnuss öffnet nach Hildegard das Herz des Menschen und vermindert die schädlichen Säfte. Sie reinigt das Blut, hilft bei Konzentrationsschwierigkeiten, Behäbigkeit, psychischer Belastung und sie ist überhaupt ein Frohmacher. Achtung: Muskatnuss immer sparsam dosieren!

Pelargonienmischpulver

Das Pelargonienmischpulver besteht aus Edelpelargonien-, Bertram- und Muskatnusspulver und wird auch als „Hildegard-Grippepulver" bezeichnet. Zur Vorbeugung gegen Erkältungen wird dieses fein duftende Gewürzpulver einfach prisenweise in Salatsaucen und Brotteig beigegeben.

> Erkältungswein: 1/4 Liter Rotwein mit 1 KL Pelargonienmischpulver aufkochen, 5 Minuten köcheln lassen, warm trinken und zu Bett gehen.

Pfeffer

Pfeffer trocknet nach Hildegard aus und sollte nicht täglich eingesetzt werden. Pfeffer immer sparsam verwenden.

Poleiminze

Poleiminze hilft gegen Gastritis, Aufstoßen, Sodbrennen und reinigt den Magen. Nach Hildegard von Bingen enthält die Poleiminze die Kraft von 15 Kräutern!
Das wohlschmeckende Küchengewürz einfach mit den Speisen mitkochen, roh einer Marinade beifügen oder über das Essen streuen.

Quendel

Der Quendel bzw. Feldthymian sorgt für die „italienische Note" beim Essen und passt zu fast allen Gemüsen, aber auch zu Fleisch- und Getreidegerichten. Quendel gilt als das „Hautgewürz", denn er hilft ganz ausgezeichnet mit, Hautprobleme zu lindern bzw. sogar ganz auszuheilen. Es ist wichtig, den Quendel oft zu verwenden und ihn immer mitzukochen, ein nachträgliches Würzen hilft nicht!

Salbei

Der Salbei wirkt gegen alle Schadstoffe, die im Körper gespeichert sind. Er reinigt und heilt gleichzeitig. Wenn möglich täglich 1–2 Salbeiblätter frisch essen oder als Salbeipulver im Essen mitkochen bzw. über ein Stück Dinkelbrot streuen und essen.

Bei Rheuma häufig Salbei als Gewürz einsetzen.

Ysop

Auch Ysop ist ein „Frohmacher". Er ist relativ geschmacksneutral und passt zu allen Gemüse-, Fleisch- und Fischgerichten, aber auch zu Teigwaren und Getreidegerichten. Ysop muss immer mitgekocht werden! Er hilft bei Traurigkeit, Melancholie, Depressionen und Leberschmerzen.

Pflanzen Sie Ysop in Ihren Garten – er sorgt schon allein durch seine hübsche Farbe und Blüten für eine gute Stimmung.

Zimt

Zimt wärmt, er macht fröhlich, entspannt, stärkt die Sinne und reinigt das Blut. Er wirkt Stoffwechselstörungen entgegen und sollte daher täglich zum Einsatz kommen. Man kann zum Beispiel ein Stück Zimtstange dem Tee beifügen, einer Sauce beigeben oder mit Fleisch mitkochen. Auch das Zimtpulver kann prisenweise allen Speisen beigemengt werden.

Zitronenzesten

Zitronen haben eine erfrischende und kühlende Wirkung. Wir verwenden gerne gehackte oder ganze Zitronenzesten von unbehandelten Früchten, um den Gerichten eine besondere Note zu geben.

Ein Zestenschneider ersetzt das mühevolle Reiben von Zitronenschalen.

Salz

Salz in vernünftigen Mengen konsumieren, es unterstützt den Eigengeschmack der Speisen. Salzloses Essen macht den Menschen nach Hildegard „innerlich lau". Da Salz durch den Kochprozess den salzigen Geschmack verliert, ist es empfehlenswert, alle Gerichte erst am Ende der Kochzeit zu salzen.

Hinweis
Wir haben in vielen Rezepten auf eine genaue Dosierung der Gewürze verzichtet, da Würzen Geschmackssache ist. Die Angaben „Prise" und „Messerspitze" bieten immer nur eine Orientierung. Bei Rezepten, die keine Mengenangaben enthalten, bitte die Gewürze nach Ihrem eigenen Geschmack dosieren. Wenn nicht ausdrücklich anders angegeben, handelt es sich bei der Bezeichnung Galgant, Bertram usw. immer um das Gewürzpulver.

Suppen

Mangoldsuppe

600 g Mangold	in Salzwasser blanchieren, kalt abschrecken und abseihen.
1 große Zwiebel	hacken und in
1 EL Butterschmalz	goldgelb anrösten.
2 Knoblauchzehen	entkeimen, fein hacken und kurz mitrösten. Mangold beifügen. Mit
Galgant, Bertram	und
Muskatnuss	würzen und mit ca.
½ Liter Wasser	aufgießen.
2 EL Dinkelfeinmehl	mit
¼ Liter Rahm	glatt rühren und dazugeben. Die Suppe 15 Minuten köcheln lassen. Anschließend mit dem Mixstab pürieren. Nochmals
½ Liter Wasser	unterrühren und zum Schluss noch mit
Salz	abschmecken. Auf die angerichtete Suppe
geröstete Pinienkerne	streuen.

Den Mangold mit 1 KL Rohrohrzucker und 2 Scheiben Zitronen blanchieren, dadurch wird der bittere Geschmack neutralisiert.

Dinkelsuppe

1 Karotte	
1 Stückchen Sellerie	und
1 Fenchelknolle	in Streifen oder Würfel schneiden. In
¾ Liter Wasser	kochen.
5 EL gekochte Dinkelkörner	dazugeben. Mit
Galgant, Bertram, Quendel, Muskatnuss	und
etwas Beifuß	würzen und 10–15 Minuten köcheln lassen. Zum Schluss noch mit
Salz	abschmecken.

Gemüsebouillon

3 Sorten Gemüse der Saison (z. B. Karotten, Sellerie, Stangensellerie, Zwiebel, Kohlrabi, Fenchel, Zucchini)	mit
1 Liter Wasser	und
Galgant, Bertram, Muskat, Quendel	und
Ysop	ca. 20 Minuten köcheln. Das Gemüse abseihen und die verbleibende Bouillon mit
Salz	abschmecken. Mit fein geschnittenen Streifen von
Karotten, Zucchini	und
Sellerie	nochmals 3 Minuten köcheln lassen.

Maronisuppe

1 Zwiebel	fein hacken, mit
1 EL Öl	gelb anschwitzen und mit
2 EL Maronimehl	und
1 EL Dinkelfeinmehl	kurz durchrösten. Mit
⅛ Liter Rotwein	ablöschen und mit
1 Liter Wasser	aufgießen. Anschließend mit
Salz, 2 Lorbeerblättern, 2 Nelken, Galgant	und
Bertram	würzen.
200 g Maroni	(tiefgefroren oder vorgekocht) so lange mitkochen, bis sie weich sind. Die Suppe anschließend mit dem Stabmixer sämig pürieren und nach Belieben mit Rahm verfeinern.

> Speisen nie zu heiß, sondern immer wohl temperiert essen.

Kalbsbouillon

2 Kalbsfüße	vom Metzger in Scheiben schneiden lassen. Die Scheiben in kaltem Wasser ansetzen, bis sich Schaum bildet. Das Wasser wegschütten, die Scheiben abspülen und mit
2 Liter kaltem Wasser	aufsetzen.
3 Karotten, ½ Sellerieknolle, 1 Zwiebel, 1 Eierschale, Liebstöckel	und
Ysopkraut	dazugeben und alles ca. 2 Stunden köcheln lassen. Anschließend die Suppe absieben, mit
Galgant, Bertram, Muskatnuss	und
Salz	abschmecken.

Die Kalbsfußknochensuppe ist ein Heilmittel,
das bei Arthrose und Arthritis hilft.
Suppe portionenweise tiefgefrieren.

Die Eierschale sorgt dafür,
dass die Bouillon schön klar wird.

Hühnersuppe mit Ysop

1 Suppenhuhn	waschen und vierteln.
Karotten, Sellerie	und
Zwiebeln	schälen und grob schneiden. Alle Zutaten mit
3–4 Liter kaltem Wasser	und
Ysop,	
½ KL Galgantwurzeln	und
½ KL Bertramwurzeln	zum Kochen bringen.

Das Ganze 1–1½ Stunden köcheln lassen und bei Bedarf etwas Wasser nachgießen. Anschließend die Suppe abgießen und das Fleisch von den Knochen lösen. 2–3 rohe Karotten fein schneiden und mit dem klein geschnittenen Hühnerfleisch der klaren Suppe beigeben. Nochmals kurz aufkochen, erst jetzt salzen und mit Dinkel-Suppennudeln servieren (Rezept siehe Seite 143).

Die restliche Suppe portionenweise tiefgefrieren.

Dinkelgrießsuppe

1 Zwiebel	fein hacken und in
1 EL Öl	goldgelb anrösten.
4 EL Dinkelgrieß	kurz mitrösten, dann mit
1 Liter Wasser	aufgießen und mit
Salz,	
Galgant,	
Bertram,	
Ysop	und
Quendel	würzen.

Nach Belieben ein Stück Karotte und/oder Fenchel und/oder Sellerie mitkochen. Die Suppe etwa 15–20 Minuten köcheln lassen.

Kürbissuppe

1 Zwiebel	fein hacken und mit
1 EL Öl	goldgelb anrösten.
500 g gewürfelten Kürbis	kurz mitdünsten und mit
200 ml Wasser	ablöschen. Mit
Salz, Galgant,	
Bertram,	
Muskatnuss	und
Ysop	würzen.

Wenn der Kürbis weich ist, die Suppe mit dem Stabmixer pürieren und das Ganze mit Wasser oder Milch aufgießen, bis die gewünschte Konsistenz erreicht ist. Die Suppe kann auch „verlängert" werden, indem 1 Esslöffel Dinkelfeinmehl mit etwas Wasser zu einem zähen Brei angerührt und der Suppe beigegeben wird. Dann alles nochmals mindestens 10 Minuten weiterköcheln lassen und mit Rahm verfeinern.

Zwiebelsuppe

1 kg Zwiebeln	in grobe Streifen schneiden und aufgeteilt in zwei großen Pfannen mit jeweils
1 EL Butterschmalz	so lange anrösten, bis sie eine dunkle Farbe erhalten. Dann das Ganze mit
1 kräftigen Schuss Weinessig	aufgießen. Mit
Galgant, Bertram	und
Mukatnuss	gut würzen und mit etwa
1½ Liter Wasser	aufgießen.

Die Suppe ¼ Stunde köcheln lassen und zum Schluss vorsichtig salzen. Zwiebeln haben einen süßlichen Geschmack, was dazu verleitet, sie zu versalzen.

> Dinkelbrotscheiben mit Käse bestreuen, im Ofen 10 Minuten gratinieren und zur Suppe servieren.

Grießnockerlsuppe

Gemüsebrühe:	
3–4 geschälte Karotten,	
2 Scheiben Sellerie,	
1 Fenchelknolle,	
1 Zwiebel,	
3 Galgantwurzeln	
3 Bertramwurzeln,	
Petersilie	und
Petersilienwurzeln	in
2 Liter Wasser	geben und 30–45 Minuten kochen lassen. Die Suppe abseihen und die klare Gemüsebrühe nochmals mit
Salz,	
Galgant, Bertram	und
Muskatnuss	würzen.
Dinkelgrießnockerln:	
50 g weiche Butter	und
70 g Dinkelgrieß	trocken abrühren. Anschließend
1 Ei,	
Salz, Galgant	und
Muskatnuss	dazugeben. Sollte die Masse zu nass sein, etwas Dinkelgrieß beifügen und nochmals gut durchrühren. Die Grießmasse mindestens ½ Stunde ziehen lassen. Mit einem mit kaltem Wasser abgespülten Kaffeelöffel Nockerln formen und diese in der leicht köchelnden Gemüsebrühe 20–25 Minuten ziehen lassen.

> Am besten gleich die doppelte Menge Nockerln zubereiten und die gekochten, gut ausgekühlten Grießnockerln zuerst einzeln tiefgefrieren und dann in Säckchen geben.

Kräuterflädlesuppe

Gundelrebe, Thymian,	
Löwenzahn	und
Bärlauch	fein hacken. Für den Flädleteig
2 EL Dinkelfeinmehl,	
200 ml Milch,	
1 Ei,	
Salz	und
1 Prise Galgant	gut verquirlen.

Die gehackten Kräuter dazugeben und den Teig ½ Stunde quellen lassen. Anschließend Omeletten backen, Flädle schneiden und diese als Suppeneinlage verwenden (Gemüsebrühe siehe Seite 24).

> Geschnittene Flädle lassen sich hervorragend tiefgefrieren. So ist auch an arbeitsreichen Tagen schnell und gut gekocht.

Fenchelschaumsuppe

1 große Zwiebel	grob hacken und in
1 EL Butterschmalz	glasig andünsten.
2 EL Dinkelfeinmehl	kurz mitrösten.
1 kg gewürfelten Fenchel	dazugeben, ebenfalls kurz mitrösten und mit
100 ml Weißwein	aufgießen. Dann so viel Wasser dazugeben, bis das Gemüse bedeckt ist. Mit
Galgant	und
Bertram	würzen und den Fenchel kochen, bis er weich ist. Dann erst salzen und
100 ml Rahm	unterrühren. Die Suppe mit dem Stabmixer pürieren und so viel Wasser zugeben, bis die gewünschte Konsistenz erreicht ist. Kurz vor dem Servieren mit
1 EL Fenchelgrün	und
1 EL Petersilie	bestreuen.

Saucen und Dips

Apfel-Dip

½ kg säuerliche Äpfel	(z. B. Boskoop oder Idared) schälen, vierteln, Kerngehäuse entfernen und mit
1 großen Schuss Weißwein	weich kochen und pürieren.
1 EL geriebenen Kren	untermengen.

Kichererbsen-Dip

½ Tasse Kichererbsenmehl	in
2 Tassen Wasser	3–5 Minuten köcheln lassen.
1 Msp. Griechenkleepulver	einrühren und schließlich noch
2 Msp. Galgant,	
2 Msp. Poleiminze,	
Salz,	
1 Knoblauchzehe,	zerdrückt,
1 Spritzer Zitronensaft	und
2 EL Sonnenblumenöl	untermengen.

Knoblauch-Dip

500 g Naturjoghurt	mindestens ½ Stunde durch ein in ein Sieb gelegtes Tuch rinnen lassen.
2–3 Knoblauchzehen,	zerdrückt, untermengen, mit
Salz	abschmecken und eine Stunde ziehen lassen.

Frischer Knoblauch darf roh verzehrt werden, alter Knoblauch bildet einen so genannten Keimling und sollte nur zum Kochen verwendet werden (Keimling immer entfernen!).

Joghurt-Dip

500 g Naturjoghurt	mindestens ½ Stunde durch ein in ein Sieb gelegtes Tuch rinnen lassen.
Schnittlauch	unterrühren und mit
Galgant	und
Salz	würzen.

Joghurt-Kreuzkümmel-Dip

500 g Naturjoghurt	durch ein mit einem Küchentuch ausgelegtes Sieb rinnen lassen. Nach ½ Stunde ist das verbliebene Joghurt cremig-fest.
1 Knoblauchzehe,	zerdrückt,
1 große Prise Salz,	
etwas Galgant	und
½ KL Kreuzkümmel	unterrühren und den Dip ½ Stunde ziehen lassen.

Statt Kreuzkümmel frische Gartenkräuter wie Schnittlauch, Petersilie, Gundelrebe oder Basilikum verwenden!

Langsames Essen verstärkt die heilende Wirkung eines Nahrungsmittels.

Weitere warme Saucen siehe Seite 84.

Béchamelsauce

2 EL Dinkelfeinmehl	mit
etwas kalter Milch	in einer Pfanne sämig rühren und aufkochen. Dann mit dem Schneebesen ständig weiterrühren und nach und nach
200 ml Milch	zugeben, bis nach ca. 10 Minuten die gewünschte Konsistenz entsteht. Mit
Salz,	
Galgant, Bertram	und
Muskat	würzen.

Diese Sauce ist eine beliebte Grundsauce, in die entweder Käse oder frische Kräuter beigemengt werden können. Mit Rahm verfeinert eignet sie sich auch hervorragend als Nudelsauce.

Walnuss-Sauce

50 g Walnusskerne,	
50 g Dinkelbrösel,	
1 Knoblauchzehe,	
50 ml Weißweinessig,	
1 EL Sonnenblumenöl,	
Galgant, Bertram,	
Salz	Alles zusammen so lange in der Küchenmaschine pürieren, bis eine sämige Masse entsteht. So viel
Wasser (ca. 50 ml)	dazugeben, bis die gewünschte Konsistenz erreicht ist. Die Sauce mindestens 1 Stunde ziehen lassen.

Walnüsse und Walnussöl sollten vor allem von mageren Menschen genossen werden, da sie nach Hildegard das Fleisch „fett" machen.

Salate und Marinaden

Lollo rosso mit Mozzarella und Tomaten

Lollo rosso	10 Minuten in einer Marinade (siehe Seite 36) ziehen lassen.
300 g Cocktailtomaten	halbieren und die Kerne entfernen. Mit
Mozzarellakügelchen	füllen, mit
Pesto	(siehe Seite 86) bestreichen und auf den Salatblättern anrichten.

Eichblattsalat mit Ziegenkäse

Eichblattsalat	10 Minuten in einer Marinade (siehe Seite 36) ziehen lassen und auf Tellern anrichten.
200 g Ziegenkäse	in 3 mm dicke Scheiben schneiden, mit
grobem Pfeffer	und
Salz	würzen und mit
Kürbiskernöl	beträufeln.
Kürbiskerne	hacken, kurz anrösten und über den Ziegenkäse streuen. Zum Schluss den Käse auf dem Salat verteilen.

Dinkelkörner-Salat

1 Bund Frühlingszwiebeln	und
2 Knollen Fenchel	in Streifen schneiden und zusammen in
2 EL Sonnenblumenöl	andünsten. Mit
Weinessig	ablöschen und mit
Galgant, Salz	und
1 Prise Zucker	würzen.
400 g Dinkelkörner,	gekocht, dazugeben und mit etwas
Sonnenblumenöl	und
Weinessig	abschmecken.

Zucchinisalat

600–800 g Zucchini	am Gurkenhobel raffeln,
salzen	und ½ Stunde Wasser ziehen lassen. Die Masse in ein Geschirrtuch geben und das Wasser ausdrücken. In einer Dill-Marinade (siehe Seite 36) ziehen lassen und servieren.

> Zucchini sind ein idealer Ersatz für Gurken, die nach Hildegard schwer verdaulich sind.

Selleriesalat

600 g Sellerieknollen	schälen, in dicke Scheiben schneiden und 4 Minuten blanchieren. Kalt abschrecken und mit
300 g geschälten Äpfeln	grob raffeln. Aus
3 EL Sauerrahm,	
3 EL Weißweinessig	und
3 EL Sonnenblumenöl,	
Galgant, Bertram	und
Salz	eine Marinade bereiten und gut mit der Sellerie-Apfel-Mischung verrühren. Vor dem Servieren grob gehackte
Walnüsse	auf dem Salat verteilen.

> Jeden Bissen gründlich kauen (30–50 Mal). So wird die Nahrung durch die Speichelflüssigkeit bereits im Mund vorverdaut und auf Idealtemperatur gebracht.

Quitten-Carpaccio auf Blattsalat

1 Quitte	in hauchdünne Scheiben schneiden. Mit
Zitronensaft	beträufeln und mit
Salz	bestreuen. Mindestens 10 Minuten marinieren. Auf
gemischtem Blattsalat	anrichten.

> Die Quitte darf nach Hildegard auch roh gegessen werden. Alle Obstsorten sollten generell sonnengereift sein und nicht frühzeitig geerntet werden.

Kürbissalat

800 g Kürbis	grob raffeln,
salzen	und ½ Stunde rasten lassen. Die Masse in ein Geschirrtuch geben, das Wasser ausdrücken und kurz in Öl andünsten. Den Kürbis mit Pelargonien-Marinade (ohne Salz) mischen, mindestens ½ Stunde ziehen lassen und nach Belieben mit
gehackten Kürbiskernen	servieren.

> Ist ein Kürbis einmal angeschnitten, sollte er relativ rasch verbraucht werden. Bereiten Sie am besten eine große Menge Suppe zu und frieren Sie sie portionenweise ein. Wenn Sie die Suppe gleich nach dem Pürieren ohne aufzugießen einfrieren, können Sie im Tiefkühler Platz sparen.

Fenchelsalat

4 EL Sonnenblumenöl,
2 EL Weinessig,
2 Prisen Salz,
1 Prise Galgant,
1 KL Maronimehl und
½ KL Bienenhonig gut verrühren und 10 Minuten ziehen lassen.

Rohen Fenchel mit dem Gurkenhobel in ganz feinen Streifen in die Marinade hobeln bzw. gekochten Fenchel untermengen und den Salat 10 Minuten ziehen lassen.

> Fenchel ist das einzige Gemüse, das nach Hildegard roh gegessen werden darf.

Dinkel-Kopfsalat

Sonnenblumenöl,
Weinessig,
Salz,
Galgant und
Pelargonienmischpulver zu einer Marinade verrühren und ¼ Stunde ziehen lassen.
Salatblätter und
3 EL Dinkelkörner, gekocht, dazugeben und gut durchmischen. Den Salat 10 Minuten ziehen lassen, nochmals mischen und dann erst servieren.

> Wird der Salat auf diese Art zubereitet, ist er nach Hildegard keine Rohkost mehr. Er fördert die Verdauung und regt die Durchblutung an.

Kichererbsensalat

500 g Kichererbsen	in
1½ Liter Wasser	über Nacht einweichen. Das Wasser abgießen und die Kichererbsen mit
1½ Liter frischem Wasser,	
1 Zwiebel	besteckt mit
2 Nelken	und
1 Lorbeerblatt	ca. 50–60 Minuten weich kochen. Die gekochten Kichererbsen 10 Minuten vor Ende der Kochzeit salzen. Mit einer Marinade vermengen und nochmals mindestens eine ½ Stunde ziehen lassen.

> Blattsalat soll nach Hildegard immer „gebeizt“ werden, das heißt: 10 Minuten in der Marinade ziehen lassen.

Vogerlsalat (= Nüsslisalat)

300 g säuerliche Äpfel	schälen und in feine Streifen schneiden und mit
500 g Nüsslisalat	unter eine Marinade (siehe Seite 36) mischen.
2 EL Sonnenblumenkerne	hacken, rösten und über den Salat streuen.

> Geröstete Kerne und Samen (Sonnenblumen-, Kürbiskerne und Sesamsamen) verleihen jedem Salat eine ganz besondere Note. Sie lassen sich gut auf Vorrat halten. Kerne und Samen bei milder Hitze unter ständigem Rühren in einer Pfanne Farbe nehmen lassen (ohne Fett). Auskühlen lassen und in einem Vorratsglas aufbewahren.

Dill-Marinade

Sonnenblumenöl,	
Weinessig,	
Salz, Galgant	und
1–2 EL fein gehackten Dill	mischen und mindestens ½ Stunde ziehen lassen.

> Dill darf nur gekocht oder in Weinessig gebeizt gegessen werden. So wird er zum Heilmittel gegen Rheuma.

Kapern-Vinaigrette

1 kleine Zwiebel	fein schneiden und in etwas
Sonnenblumenöl	kurz in der Pfanne rösten.
1 Knoblauchzehe,	zerdrückt,
5 Kapern,	fein gehackt,
Senf,	
Galgant, Bertram	und
Salz	dazugeben und so viel
Weinessig	und
Sonnenblumenöl	beimengen, dass eine kompakte Sauce entsteht. 10 Minuten ziehen lassen.

> Weinessig reinigt nach Hildegard den Magen und macht Speisen bekömmlicher.

Maroni-Marinade

Sonnenblumenöl,	
Weinessig,	
Salz, Galgant	und
1–2 KL Maronihonig	(siehe Seite 167) mischen und ¼ Stunde ziehen lassen.

Kürbiskernöl-Marinade

½ Zwiebel	fein hacken, kurz anrösten und mit
Kürbiskernöl,	
Weinessig,	
Salz, Pfeffer	und
etwas Knoblauch	vermischen und 10 Min. ziehen lassen.

Pelargonien-Marinade

Balsamicoessig,	
Weinessig,	
Sonnenblumenöl,	
1 zerdrückte Knoblauchzehe,	
Salz, Galgant,	
Pelargonienmischpulver	und eventuell
1 geröstete Zwiebel	gut verrühren und 10 Minuten ziehen lassen.

Himbeer-Vinaigrette

1 kleine Zwiebel	fein schneiden, kurz in einer Pfanne abrösten und in eine Schüssel geben.
Sonnenblumenöl,	
Himbeeressig,	
Schnittlauch,	fein geschnitten,
Petersilie,	fein gehackt,
Salz, Galgant	und
½ Knoblauchzehe,	gepresst, beifügen. Alles gut durchrühren und 10–15 Minuten ziehen lassen.

Die Sauce Vinaigrette eignet sich auch hervorragend als Dip für Gemüse.

Vorspeisen und Aufstriche

Crostini

Altbackenes Dinkelbrot in Scheiben schneiden (frisches Dinkelbrot toasten und auskühlen lassen). Mit einem der folgenden Aufstriche bestreichen und bei 180 Grad, je nach persönlichem Geschmack, 10–20 Minuten überbacken.

Emmentaler-Crostini

100 g Emmentaler	grob reiben.
1 Ei	verklopfen und unterrühren.
2 EL Weißwein	beifügen. Mit
Galgant, Quendel	und
Salz	würzen. Alles gut verrühren und die Brotscheiben dünn mit der Käsemasse bestreichen.

Quendel ersetzt bei Hildegard die Gewürze Oregano und Majoran.

Mozzarella-Crostini

100 g Mozzarella	würfeln.
1 Bund Basilikum	fein hacken.
1 EL Pignolienkerne	grob hacken. Alles zusammen mit
2 EL Sonnenblumenöl	mischen und mit einer Gabel gut zerdrücken. Brotscheiben dünn bestreichen und mit
Galgant	bestreuen.

Statt frischem Basilikum kann auch 1 EL Pesto (siehe Seite 86) verwendet werden. In diesem Fall weniger Sonnenblumenöl und kein Salz beigeben.

Zwiebel-Crostini

1 große Zwiebel	in Ringe schneiden. Mit
Salz	bestreuen und ½ Stunde ziehen lassen. Die Zwiebelringe in ein Tuch geben und den Saft ausdrücken. Die ausgedrückten Zwiebelringe mit
2 EL Sonnenblumenöl, Quendel, Galgant	frisch oder gerebelt, und mischen. Brotscheiben damit belegen.

Bruschetta

2 EL Sonnenblumenöl in einer Pfanne erhitzen. Altbackene Dinkelbrotscheiben von beiden Seiten in Öl anrösten, mit folgenden Mischungen belegen und gleich servieren.

Fenchel-Bruschetta

1 Fenchelknolle	in hauchdünne Streifen schneiden. Mit
2 EL Sonnenblumenöl, 1 EL Weinessig, 1 EL Balsamicoessig, Galgant	und
Salz	ca. 10 Minuten marinieren und auf den Brotscheiben anrichten.

Pesto-Bruschetta

2 EL Pesto	oder 2 EL Kräutersalz mit
2 EL Sonnenblumenöl	mischen und auf den Brotscheiben verteilen.

> Frisches Brot zuerst toasten, damit es nicht so viel Öl ansaugt.

Shiitake-Bruschetta

100 g Shiitakepilze	fein schneiden und in
1 EL Sonnenblumenöl	anrösten. Mit
Pfeffer	und
Salz	würzen und mit
1 EL Himbeeressig	ablöschen. Eventuell noch etwas Wasser beifügen. Alles gut mischen und auf den Bruschette anrichten.

Ziegenkäse-Bruschetta

100 g Ziegenkäse	in dünne Scheiben schneiden und mit
Kürbiskernöl	beträufeln.
Gehackte Kürbiskerne	darauf verteilen und mit
grobem Pfeffer	würzen.

Knoblauch-Bruschetta

Knoblauchzehen	halbieren und die Brotscheiben damit einreiben. Mit
Galgant, Salz	und gehackter
Petersilie	bestreuen.

Tomaten-Bruschetta

3 vollreife Tomaten	halbieren, mit einem Löffel die Kerngehäuse entfernen und in kleine Würfel schneiden.
1 EL Pignolienkerne,	
Basilikumblätter,	klein geschnitten,
Galgant, Salz	und
Sonnenblumenöl	vermischen und auf den gerösteten Brotscheiben anrichten.

Tomaten gehören zu den Nachtschattengewächsen und sollten nur gelegentlich im Sommer auf dem Speiseplan stehen.

Kichererbsen-Aufstrich

500 g Kichererbsen,	gekocht (siehe Seite 105) in die Küchenmaschine geben.
Salz, 1 Knoblauchzehe, Galgant, Bertram,	
2–3 EL Sonnenblumenöl,	etwa
200 ml Milch	und
Krauseminzepulver	beifügen und alles gut pürieren.

Die Krauseminze sorgt für einen feinen Geschmack und für eine gute Verdauung!

Kürbiskern-Topfenaufstrich

500 g Naturjoghurt	½ Stunde durch ein Küchentuch rinnen lassen und mit
250 g Topfen, Salz, Galgant,	
2 EL Petersilie,	gehackt,
2 EL Kürbiskernen	gehackt, und
2–3 EL Kürbiskernöl	vermischen.

Schafskäseaufstrich

250 g milden Schafskäse	in die Küchenmaschine geben.
2 Knoblauchzehen, 5 EL Sonnenblumenöl, Saft einer ½ Zitrone,	
2 EL fein gehackte Minze	beifügen und alles gut pürieren.

Ziegen- und Schafskäse sind leichter verdaulich als die aus Kuhmilch hergestellten Käsesorten.

Topfenaufstrich mit Griechenklee

1 KL Griechenkleepulver	in etwas
heißer Milch	gut verrühren und mindestens 10 Minuten quellen lassen. In der Zwischenzeit
½ kg Naturjoghurt	in einem Sieb durch ein Küchentuch rinnen lassen. Dadurch wird das Joghurt wunderbar cremig. Das Joghurt mit
¼ kg Topfen	mischen und
Salz	sowie fein geschnittene
Gartenkräuter (z. B. Schnittlauch, Petersilie, Basilikum …)	unterrühren. Die Joghurt-Topfenmasse und das gequollene Griechenkleepulver gut miteinander verrühren und alles zusammen nochmals mindestens 2 Stunden ziehen lassen.

Pikante Muskatellersalbeiblätter

Zuerst einen Bierteig zubereiten:

100 g Dinkelmehl,	
⅛ Liter Bier,	
1 große Prise Salz,	
1 große Prise Galgant,	
1 große Prise Bertram,	
1 EL Sesamsamen	und
2 Eidotter	verrühren und mindestens ½ Stunde rasten lassen. Dann
2 geschlagene Eiweiß	unterheben.
jeweils 3–4 Salbeiblättchen	in den Teig eintauchen und in Butterschmalz oder Sonnenblumenöl frittieren. Mit einem Dip servieren.

Artischocken mit Sauce Vinaigrette

4 Artischocken	waschen, den Stielansatz entfernen, die Spitzen abschneiden und in reichlich Salzwasser mit
4 Scheiben Zitrone	und
1 KL Rohrohrzucker	zum Kochen bringen.

Je nach Größe 15–25 Minuten köcheln lassen. Die Artischocken sind dann gar, wenn man die Blätter leicht „herauszupfen" kann. Aus dem Wasser nehmen, auf Tellern anrichten und so in der Mitte auseinander drücken, dass eine Blume entsteht. Darauf eine frische Scheibe Zitrone legen und mit Sauce Vinaigrette (siehe Seite 37) servieren.

Artischocken zählen zu den Distelgewächsen und stärken nach Hildegard die Leber. Außerdem gelten sie als „Frohmacher".

Himbeeressig kann leicht selbst hergestellt werden: In ein Glasgefäß ausreichend Himbeeren geben und diese gut mit Weißweinessig bedecken. Das Glasgefäß 14 Tage an ein lichtdurchflutetes Plätzchen stellen und anschließend den Essig abseihen.

Knackige Gemüse zum Dippen

Spargel	schälen und bissfest kochen.
Karotten,	
Stangensellerie,	
Zucchini,	
Fenchel	und
Sellerie	in Streifen schneiden.

Die Gemüse portionenweise in kochendes Wasser geben und so lange im Wasser lassen, bis es erneut aufkocht. Mit einer Schaumkelle herausnehmen und in kaltem Wasser abschrecken. Dadurch ist das Gemüse keine Rohkost mehr, schmeckt aber dennoch knackig und frisch (Dips siehe Seite 27).

Durch das Abschrecken bleibt die frische Farbe erhalten und ein Nachgaren wird vermieden.

Die Ernährung spielt zur Erhaltung der Gesundheit eine entscheidende Rolle. Aber auch soziale Strukturen sind enorm wichtig: Zeit mit der Familie verbringen, Freundschaften pflegen, Feste feiern – all das trägt wesentlich zum Wohlbefinden bei.

Weinblätter mit Dinkelfülle

250 g frische Weinblätter mit
25 ml Zitronensaft ca. 10 Minuten kochen, bis sie halb gar sind. Sie müssen elastisch sein. Die Blätter aus dem Wasser nehmen und kalt abschrecken. Eingelegte Weinblätter ebenso zubereiten, allerdings nur 4 Minuten kochen. Für die Fülle

3 Tassen Dinkelkörner, halb fest gekocht (siehe Seite 98),
½ Tasse Rosinen,
½ Tasse Pignolienkerne,
½ fein gehackte Zwiebel,
½ EL Krauseminze, fein gehackt,
Galgant, Bertram und
Salz gut mischen. 4 Weinblätter beiseite legen und 4 weitere Weinblätter in eine Gratinform legen. Auf jedes restliche Weinblatt 1 EL Fülle verteilen und Röllchen drehen. Die Röllchen eng nebeneinander in die Gratinform schichten. Mit ca.

300 ml Gemüsebouillon (siehe Seite 20) angießen. Mit den 4 beiseite gelegten Weinblättern abdecken.

1 Zitrone in dünne Scheiben schneiden und auf den Weinblättern verteilen. Bei 160 Grad ca. 40 Minuten garen. Mit einem Knoblauch-Dip (siehe Seite 27) servieren.

> Diese Fülle eignet sich auch für Mangoldröllchen oder z. B. für gefüllte Zucchini bzw. gefüllte Kürbisse.

Hauptspeisen

Gemüsegerichte

Wildkräuteromelette

Omelettenteig (siehe Seite 146) zubereiten und Omeletten backen.
Für die Füllung

1 kleine Zwiebel	fein hacken und in
1 EL Butterschmalz	goldgelb anrösten.
150 g Wildkräuter	(z. B. Brennnessel, Löwenzahn, Wegerich, Melde, Kerbel, Gundelrebe, Minze) dazugeben und 3 Minuten dünsten. Mit
Galgant	und
Salz	abschmecken.
150 g Mozzarella	in kleine Würfel schneiden, mit der Wildkräutermischung vermengen und die Omeletten damit füllen.

Sellerieschnitzel in der Sesamkruste

800 g Sellerie	in 1 cm dicke Scheiben schneiden und dann erst schälen. Die Scheiben leicht salzen.
2 Eier	verklopfen und kräftig mit
Galgant, Bertram, Quendel	und
Salz	würzen. Die Selleriescheiben zuerst in
Dinkelmehl,	dann in den verklopften Eiern und zuletzt in
Sesamsamen	wenden. In
Butterschmalz	bei mittlerer Hitze knusprig braten.

Statt Sellerie Zucchini, Kohlrabi oder Kürbis verwenden.

Pfannengerührtes Gemüse mit Shiitakepilzen

Vorbereiten:

800 g Gemüse (Zucchini, Karotten, Frühlingszwiebeln und Stangensellerie oder Fenchel)	jeweils in feine Streifen schneiden.
150 g Shiitakepilze	in feine Scheiben schneiden,
2 Msp. Griechenkleepulver	mit etwas heißem Wasser verrühren und 10 Minuten quellen lassen.
1 Knoblauchzehe	in
1 EL Sonnenblumenöl	kurz anrösten, dann die Pilze mitrösten. Die Karotten, den Stangensellerie und die Frühlingszwiebeln dazugeben. 1–2 Minuten bei scharfer Hitze ständig wenden. Es ist wichtig, das Gemüse dauernd zu rühren! Danach die Zucchinistreifen beifügen. Nun mit
Galgant	und
Bertram	würzen, das Griechenkleewasser und die
Zitronenzesten	von 1 Zitrone dazugeben und mit einem großen Schuss
Weißwein	ablöschen. Alles kurz aufkochen. Zum Schluss das Pfannengemüse noch mit
Salz	abschmecken und etwas
Zitronensaft	beifügen, dadurch erhält es die pikante asiatische Note.

Das Gemüse als Beilage warm servieren oder kalt als Salat anrichten. Zudem kann es als Strudel- bzw. Omelettenfüllung verwendet werden.

Griechischer Spinatkuchen

½ kg Blattspinat	in Salzwasser blanchieren, kalt abschrecken und gut ausdrücken.
1 Bund Frühlingszwiebeln	in Röllchen schneiden und in
1 EL Butterschmalz	anrösten.
1 Knoblauchzehe,	fein geschnitten, dazugeben und danach den Spinat beifügen. Mit
Galgant, Bertram,	
Muskatnuss	und
Salz	würzen, alles gut vermengen und überkühlen lassen.
2 Eier	verquirlen,
3 EL Dinkelbrösel	und
100–150 g Schafskäse,	gewürfelt, beigeben und das Ganze unter den Spinat mischen.
¼ kg Blätterteig	dünn ausrollen.

Die Hälfte des Teiges so auf ein kalt abgespültes Blech legen, dass die Ränder etwas über das Blech ragen. Die Spinatmasse auf dem Teig verteilen, die Ränder darüber schlagen und mit der zweiten Hälfte des Blätterteiges abdecken. Die Teigdecke einige Male mit einer Gabel einstechen und mit einem verquirlten Eigelb bestreichen. Bei 180 Grad ca. 50 Minuten backen.

Speziell bei der Muskatnuss kommt es immer auf die richtige Dosierung an!

Die meisten von uns konsumieren das Essen, dabei sollten wir es genießen und uns darüber freuen! Es ist keine Selbstverständlichkeit, essen zu können, was man will und so viel man will. Jedes Mahl ist Grund zu großer Freude.

Fenchelgemüse in Béchamelsauce

2 EL Dinkelmehl	mit etwas kalter
Milch	in einer Pfanne gut verrühren und anschließend aufkochen. Mit dem Schneebesen ständig weiterrühren und nach und nach
200 ml Milch	zugeben, bis die gewünschte Konsistenz entsteht (ca. 10 Minuten). Mit
Salz,	
Galgant, Bertram	und
Muskatnuss	würzen. Eventuell geriebenen
Käse	unterrühren. Gekochte, halbierte
Fenchelknollen	in eine Auflaufform geben.

Die Béchamelsauce darüber verteilen und bei ca. 180 Grad 30 Minuten backen. Als Beilage oder mit Salat als Hauptspeise servieren.

Gemüsekuchen

300 g Quendelmürbteig	(Rezept siehe Seite 145) ausrollen, in einer Springform 15 Minuten vorbacken. – In der Zwischenzeit
800 g Gemüse (z. B. Spinat, Mangold oder Karotten)	blanchieren, abseihen, mit
Knoblauch, Muskat,	
Salz, Galgant	und
Bertram	würzen und dann auf dem vorgebackenen Teigboden verteilen. Zum Schluss
2 Eier,	
¼ Liter Rahm,	
Salz, Muskatnuss	und
1 EL Dinkelmehl	gut verrühren und über das Gemüse geben. Den Gemüsekuchen bei 180 Grad ca. 35 Minuten backen.

Gemüselaibchen

100 g Dinkelflocken,	
3 EL Dinkelvollmehl,	
2 Eidotter,	
50 ml Milch oder Wasser,	
2 EL Sonnenblumenkerne,	
Galgant, Bertram,	
Quendel, Ysop	und
Salz	gut verrühren.
300 g Gemüse nach Wahl	raffeln und dazugeben.
2 Eiklar	zu lockerem Schnee schlagen und unterheben.
Butterschmalz	in einer beschichteten Pfanne erhitzen.

Die Masse mit einem Esslöffel portionenweise in die Pfanne geben und flach drücken. Beidseitig goldbraun braten und mit Blattsalat servieren.

Zucchini-Küchlein

2 große Zucchini	(etwa 500 g) und
1 mittelgroße Zwiebel	(etwa 100 g) grob raffeln,
Salz	dazugeben, ½ Stunde Wasser ziehen lassen und durch ein Küchentuch drükken.
100 g Weichkäse,	
100 g Dinkelfeinmehl	und
4 Eier	vermengen und mit
Galgant, Bertram	und
1 kräftigen Prise Quendel	würzen.

Den Teig ¼ Stunde ziehen lassen und erst dann die ausgedrückten Zucchini dazugeben. Die Masse mit einem Esslöffel portionenweise in Sonnenblumenöl oder Butterschmalz geben und bei mittlerer Hitze beidseitig anbraten. Die Zucchini-Küchlein mit einer Knoblauchsauce (siehe Seite 27) servieren.

Fenchelschiffchen

4 Fenchelknollen	5 Minuten in Salzwasser blanchieren. Die äußeren Blätter ablösen und in eine gebutterte Form geben. Den restlichen Fenchel würfeln.
1 Zwiebel	hacken und in
1 EL Butterschmalz	gelb anrösten. Die Fenchelwürfel dazugeben, kurz mitdünsten und
1 Schuss Weißwein	dazugeben. Mit
Galgant, Bertram	und
Salz	würzen, alles gut durchmischen und abkühlen lassen.
200 g Mozzarella	würfeln, mit dem Fenchel mischen und in die Fenchelschiffchen füllen. Je
1 EL geröstete Dinkelbrösel	auf die Schiffchen verteilen und bei 180 Grad ca. 15 Minuten gratinieren.

Dinkel-Semmelbrösel lassen sich gut auf Vorrat halten: 200 g Dinkelbrösel in 50 g Butter unter ständigem Rühren goldgelb rösten. Gut auskühlen lassen und in Vorratsdosen füllen.

„Gewöhnliche Speisen werden durch den Geschmack der Gewürze in besser schmeckende verwandelt."
(Hildegard von Bingen)

Kürbis-Gnocchi

400 g geraffelten Kürbis	in
50 g Butter	anrösten und zu einem weichen Mus köcheln lassen.
250 g Gorgonzolastücke	beigeben und rühren, bis der Käse schmilzt. Mit
Salz	und
Galgant	würzen und die Masse abkühlen lassen.
ca. 400 g Dinkelmehl	einarbeiten, bis ein glatter Teig entsteht. Den Teig auf einer bemehlten Arbeitsfläche in daumengroße Würste rollen und von diesen jeweils 1 cm dicke Stücke abschneiden. Diese Stücke in
Salzwasser	so lange kochen (ca. 5 Minuten), bis sie an die Oberfläche steigen. Dann die Gnocchi lagenweise in eine gebutterte Form geben und dazwischen jeweils
100 g Parmesan	verteilen.
50 g Butter	und
5 Salbeiblätter	zusammen erhitzen und über die Gnocchi geben. Bei 180 Grad etwa 20 Minuten gratinieren.

Kürbis-Curry

2 EL Butter	in einer Pfanne schmelzen und
2 EL Rohrohrzucker	darin karamelisieren.
500 g Kürbis	in dünne Scheiben schneiden, zum Karamel geben und durch häufiges Schütteln vermischen.
1 Tasse Wasser	beifügen und den Kürbis weich kochen. Mit
Salz	und
Currypulver	würzen.

Kürbis-Gratin

800 g Kürbisfleisch	in kleine Würfel schneiden und in eine gefettete Auflaufform geben.
1 gehäuften EL Dinkelfeinmehl	darüber streuen und durchmischen.
2 Knoblauchzehen	hacken,
1 EL Petersilie	und
1 EL Schnittlauch	fein schneiden und mit
¼ Liter Rahm,	
Salz, Galgant	und
Ysop	verrühren und über den Gratin gießen. Bei 180 Grad ca. 20 Minuten garen. Nach 10 Minuten einmal umrühren.

Kürbis-Kichererbsen-Curry

300 g gekochte Kichererbsen	(siehe Seite 105) bereitstellen.
600 g Kürbisfleisch	in Würfel schneiden.
1 EL Galgantpulver	und
1 EL Gelbwurzpulver	über den Kürbis verteilen und 10 Minuten rasten lassen.
1 gehackte Zwiebel	in
2 EL Butterschmalz	glasig werden lassen und
1 Knoblauchzehe,	gehackt, und
2 KL Zitronensaft	dazugeben. Mit
Koriander,	
Kardamom	und
Zimt	würzen und alles kurz durchrösten. Kürbis beifügen, gut anrösten und mit
Wasser	aufgießen und mit
Salz	abschmecken. Die gekochten Kichererbsen dazugeben und das Ganze 10–15 Minuten köcheln lassen.

Gefüllter Kürbis

	Den Deckel von
1 mittelgroßen Kürbis	abschneiden, aushöhlen, salzen und bei 180 Grad ca. 20–30 Minuten lang schmoren. Die Kürbishaut soll Blasen werfen.
1 EL Öl	erhitzen,
1 große Zwiebel	hacken und andünsten,
2 Knoblauchzehen,	gehackt, und
200 g Shiitakepilze	in Scheiben oder
100 g Kürbiskerne,	gehackt, beimengen. Anschließend das ausgehöhlte, in Würfel geschnittene
Kürbisfleisch	dazugeben und mit
Salz,	
Galgant, Bertram,	
Ysop	und
Petersilie	abschmecken. Am Schluss noch
300 g Dinkelkörner,	gekocht, untermischen. Die Masse in den geschmorten Kürbis füllen und mit
200 ml Bouillon	oder Weißwein aufgießen.

Bei 180 Grad ca. 25 Minuten backen, den Deckel erst die letzten 10 Minuten aufsetzen.

> Shiitake sind auch getrocknet im Handel erhältlich. Alle Trockenpilze in der 4-fachen Wassermenge ca. ½ Stunde einweichen und erst dann weiterverarbeiten.

> Beim Kauf von Kürbissen darauf achten, dass der Stiel trocken und intakt ist. Der Stiel des Kürbisses ist vergleichbar mit dem Korken beim Wein: Er sorgt für einen luftdichten Abschluss und somit für lange Haltbarkeit.

Wähen

Kürbiswähe

500 g Wähenteig	(siehe Seite 144) ausrollen und auf ein Blech legen.
800 g Kürbis	würfeln, in Salzwasser blanchieren und abtropfen lassen. Dann salzen und auf dem Wähenteig verteilen.
Guss: 4 Eier, 500 g Topfen, 180 g Sauerrahm, Salz,	und
Muskatnuss	verrühren und über die Kürbiswürfel geben.

Mit 150 g Parmesan bestreuen. Bei 180 Grad ca. 45 Minuten backen.

Gedeckte Zwiebelwähe

500 g Wähenteig	(siehe Seite 144) ausrollen und auf ein Blech legen.
1,5 kg Zwiebeln	in grobe Ringe schneiden, in
2 EL Butterschmalz	glasig anrösten und auf dem Wähenteig verteilen.
Guss: 100 g Dinkelfeinmehl, 2 Eier, 700 ml Milch, Salz, Galgant	und
Muskatnuss	verrühren, 30 Minuten quellen lassen (wichtig!) und über die Zwiebeln geben.

Die Wähe bei 220 Grad einschieben, 10 Minuten backen, dann die Temperatur auf 200 Grad senken und weitere 30 Minuten backen.

Gemüsewähe

500 g Wähenteig	(siehe Seite 144) ausrollen und auf ein Blech legen.
1 große Zwiebel	grob hacken.
250 g Stangensellerie	und
250 g Karotten	in Streifen schneiden und in
2 EL Butterschmalz	anrösten. Mit
Galgant, Bertram,	
Salz	und
1 Hauch Zimt	würzen und mit
1 Schuss Weißwein	ablöschen. So lange dünsten, bis Flüssigkeit verdampft ist, abkühlen lassen und auf dem Wähenteig verteilen.
Guss:	
3 Eier,	
¼ l Rahm,	
120 g Bergkäse,	
Salz, Galgant,	
Muskatnuss	verrühren und über das Gemüse geben.

Mit 150 g geriebenem Parmesan bestreuen.
Bei 180 Grad ca. 45 Minuten backen.

> Langsames Essen verstärkt die heilende Wirkung eines Nahrungsmittels.

> Zwiebeln niemals roh essen, warnt Hildegard, denn roh sind sie „so schädlich und giftig wie der Saft von Unkräutern“. Gekocht oder gebraten, z. B. als Zwiebelsuppe oder Zwiebelkuchen, werden sie zu einem Heilmittel gegen Rheuma. Die Zwiebel gilt bereits dann nicht mehr als roh, wenn sie kurz geröstet wird.

Kichererbsenbällchen (s. Foto Seite 26)

80 g Kichererbsenmehl,	
Galgant, Bertram,	
Kreuzkümmel, Salz	und
100 ml Wasser	glatt rühren und ca. 10 Minuten quellen lassen.
2 Frühlingszwiebeln	und
2 kleine Karotten	kleinwürfelig schneiden und mit
2 EL gehackter Petersilie	unter die Teigmasse geben.

Mit einem Kaffeelöffel kleine Bällchen ausstechen, diese mit Hilfe eines zweiten Kaffeelöffels in heißes Fett streichen und ca. 3 Minuten goldgelb backen. Die Bällchen immer nur portionenweise backen und auf Küchenpapier abtropfen lassen. Mit einem Dip servieren.

> Die Kichererbse ist ein beliebtes Grundnahrungsmittel, das jedem Menschen wohl tut.

Kichererbsen-Falaffel

250 g Kichererbsen,	nicht zu weich gekocht, grob mixen.
1 Zwiebel	und
1 Knoblauchzehe	hacken und dazugeben.
1 EL Petersilie	und
1 EL Koriander	beifügen und mit
Galgant, Bertram,	
Kreuzkümmel	und
Salz	würzen mit
1 Ei	und
1–2 EL Brotbrösel	binden.

Die Masse ½ Stunde ziehen lassen. Kleine Bällchen formen und in heißem Fett etwa 3 Minuten backen.

Mangoldstrudel

Reichlich Wasser	mit
1 KL Rohrohrzucker	und
2 Scheiben Zitrone	aufkochen und etwa
500 g Mangold	darin kurz blanchieren. Danach das heiße Wasser abgießen und den Mangold zum Abschrecken in kaltes Wasser geben.
1 Zwiebel	fein hacken und in
1 EL Butterschmalz	goldgelb anrösten. Den Mangold gut ausdrücken und in grobe Streifen schneiden. Gemeinsam mit
2 Knoblauchzehen,	gehackt, zu den Zwiebeln geben und alles gut durchrösten. Mit
Galgant, Bertram,	
Ysop, Salz	und
Muskatnuss	würzen und beiseite stellen. (Wenn man den Mangold nur als Gemüsebeilage servieren will, gießt man mit etwas Wasser auf und lässt ihn fertig dünsten.) Separat
2 Eidotter,	
250 g Topfen,	
Salz, Galgant	und
Muskatnuss	schaumig rühren und den Schnee von
2 Eiklar	unterheben.

Nun den Blätterteig ausrollen und auf ein Küchentuch geben. Zuerst die Topfenmasse auf ⅔ des Teiges verteilen und dann den Mangold darüber geben.
Den Strudel aufrollen, mit Milch (oder Wasser) bestreichen.
Bei 180 Grad etwa 40 Minuten backen.

> Der Strudel erhält eine pikante Note, wenn man unter den Mangold noch etwas Ziegenkäse (oder Schafskäse) mischt.

Mangoldauflauf (mit Grütze oder Schrot)

Dinkelgrütze/Schrot – Grundzubereitung:

1 kg Dinkelgrütze/Schrot	in einem feinen Sieb so lange kalt abspülen, bis das Wasser klar bleibt. Dann die Körner mit
1¼ Liter kaltem Wasser	aufkochen. Wenn das Wasser kocht, mit
Galgant	und
Pelargonienmischpulver	würzen und ca. 20 Minuten köcheln lassen. Erst jetzt salzen und weitere 15–20 Minuten nachquellen lassen.
500 g gekochte Dinkelgrütze	in eine gefettete Auflaufform geben.
Mangold	(Zubereitung siehe Seite 67) auf der Grütze verteilen.

Mit einer Béchamelsauce überziehen. Nach Belieben Käse darüber streuen und bei 180 Grad 30 Minuten backen.

Maroni-Gnocchi

50 g Maronimehl,	
250 g Dinkelfeinmehl,	
1 KL Salz, Galgant	und
Quendel	mischen und eine Mulde drücken.
150 ml Wasser	und
1 Ei	in die Mulde geben. Zu einem weichen Teig kneten und 1 Stunde rasten lassen. Zu einer fingerdicken Rolle formen und in ½ cm breite Stücke schneiden. In
reichlich Salzwasser	so lange kochen, bis die Gnocchi an die Oberfläche steigen. Mit einer Schaumkelle abschöpfen und auf angewärmten Tellern anrichten. Mit
flüssiger Butter	und
geriebenem Parmesan	oder gehackten Walnüssen servieren.

Fleischgerichte

Huhn mit Austernpilzen

1 Huhn	kalt abwaschen und in kleine Stücke teilen. Mit
Galgant, Bertram	und
Ysop	einreiben. In
2 EL Butterschmalz	scharf anbraten und anschließend wieder aus der Pfanne herausnehmen. Mit
Salz	abschmecken.
1 große Zwiebel	grob schneiden, anrösten und gut Farbe nehmen lassen.
2 Knoblauchzehen	in Scheiben schneiden und
300 g Austernpilze	dazugeben. Alles kurz durchrösten. Das Huhn wieder in die Pfanne legen, mit
150 ml Rotwein	ablöschen, etwas
Wasser	beifügen, salzen und ca. 20 Minuten köcheln lassen. Eventuell nachwürzen.

Fleisch sollte nur an besonderen Tagen gegessen werden.

„Wenn ein Mensch unter großer Traurigkeit leidet, soll er genügend von den ihm bekömmlichen Speisen essen, damit er durch das Essen wieder belebt wird, weil ihn ja die Traurigkeit belastet. Wenn er aber große Freude hat, soll er nur mäßig essen, weil dann sein Blut durch die Erweiterung der Blutbahn in Auflösung ist."
(Hildegard von Bingen)

Lammkeule im Kräutermantel

1 Lammkeule	kalt waschen, abtrocknen und in eine geölte Auflaufform legen. Mit
Galgant, Bertram	und
Quendel	würzen.

Kräuterpaste:

1 Tasse Semmelbrösel	und
1 Tasse gehackte Kräuter (die Basis bildet Petersilie, außerdem Quendel, Ysop, Gundelrebe und Melde)	in die Küchenmaschine geben und mit
ca. 1 Tasse Sonnenblumenöl	eine Paste mixen. Mit
1–2 Knoblauchzehen, 1 KL Salz,	
Galgant	und
Bertram	würzen.

Das Fleisch gleichmäßig mit der Kräuterpaste bestreichen und bei 180 Grad je nach Größe ca. 1 Stunde im Rohr braten. Immer wieder mit dem sich bildenden Bratensaft übergießen. Wird die Kruste zu dunkel, eventuell gegen Ende der Bratzeit mit Folie abdecken.

Fleisch-Variante:

Gewürzte Lammkoteletts in eine geölte Auflaufform schichten, mit der Paste bestreichen und bei 180 Grad ca. 15 Minuten überbacken.

Kräuterpasten-Variante:

Ysop und Melde durch Krauseminze ersetzen. Sie sorgt nach Hildegard für eine gute Verdauung.

Putenragout

600 g Putenfleisch	kalt waschen, trockentupfen und in Würfel schneiden. Dann
1 große Zwiebel	fein hacken und in
2 EL Sonnenblumenöl	anbraten. Die Fleischwürfel dazugeben und alles Farbe nehmen lassen. Anschließend die Pfanne vom Herd nehmen, das Fleisch mit
2 EL Dinkelfeinmehl	bestäuben und alles wieder gut Farbe nehmen lassen. Das Ganze mit
1 Knoblauchzehe,	
Galgant, Bertram	und etwas
Poleiminze	würzen und alles nochmals durchrösten. Mit
⅛ Liter Weißwein	ablöschen und
⅛ Liter Wasser	(eventuell noch etwas mehr) beifügen.
1 Lorbeerblatt,	
2 Nelken	und
5 Kubebenkörner	dazugeben und das Ragout salzen.

Das Putenfleisch je nach Größe der Würfel etwa 15–20 Minuten köcheln lassen. Nach dem Köcheln das Lorbeerblatt, die Nelken und die Kubeben wieder entfernen, das Ragout mit etwas Rahm verfeinern und schließlich mit Dinkelnudeln oder Dinkelreis servieren.

Statt Putenfleisch kann auch Straußenfleisch verwendet werden. Das Straußenfleisch aber etwa 40–50 Minuten köcheln lassen.

Kubeben helfen in Stresssituationen. Kauen Sie öfters 2–3 Kubebenkörner oder geben Sie ⅔ Kubeben und ⅓ weißen Pfeffer zusammen in die Pfeffermühle.

Hirschragout

1 ½ kg Hirschfleisch	kalt waschen, in Würfel schneiden und mindestens 24 Stunden in folgende Beize legen:
1 Flasche Rotwein, 2 EL Rotweinessig, 10 Wacholderbeeren, 10 Kubebenkörner, 3 Lorbeerblätter, 2 Nelken, 10 Pfefferkörner, 10 Galgantwurzeln, 5 Zweiglein Quendel,	
2 Zwiebeln,	in Streifen geschnitten,
2 Karotten,	in Streifen geschnitten,
1 Stück Sellerie,	in Streifen geschnitten. Alle Zutaten gut vermengen und so viel Wasser dazugeben, bis die Fleischwürfel mit Flüssigkeit bedeckt sind (maximal 2 dl). Die Fleischstücke abtropfen lassen und in
3 EL Butterschmalz	kräftig anbraten. Mit
3 EL Dinkelfeinmehl	bestäuben, alles gut Farbe nehmen lassen und mit
½ Liter Rotwein	ablöschen. Mit
Galgant, Bertram, Quendel, Salz, 1 Msp. Minzepulver,	
1 Msp. Zimtpulver	und
1 Stück Zitronenschale	würzen und bei kleiner Hitze etwa 1 Stunde köcheln lassen. Mit
Rahm	verfeinern und eventuell mit
Mehlbutter	(siehe Seite 76) binden.

Fleisch und Fisch generell kalt waschen, damit die Gerichte bekömmlicher werden.

Straußenspieße

600 g Straußenbrust	kalt waschen, trockentupfen und in 2 cm große Würfel schneiden und diese abwechselnd mit je einem Stück
Zwiebel, Zucchini Karotte	und auf Holzspieße stecken.
Marinade:	
5 Frühlingszwiebeln	in feine Ringe schneiden.
1 Knoblauchzehe	entkeimen und fein hacken.
1 EL Rohrohrzucker, 1 EL Balsamicoessig, 3 EL Weißwein, 1 KL Zitronenzesten, Galgant, Bertram	und
Salz	Alle Zutaten gut verrühren und die Spieße darin 1 Stunde im Kühlschrank marinieren. Abtropfen lassen und in
Butterschmalz	beidseitig 8–10 Minuten bei mittlerer Hitze braten. Warm stellen.
1 EL Dinkelfeinmehl	und
1 Msp. Griechenkleepulver	mit der kalten Marinade verrühren, etwas kaltes Wasser beimengen und das Ganze anschließend 5 Minuten köcheln lassen. Eventuell noch Wasser nachgießen. Die Fleischspieße in die Soße geben und nochmals 5–10 Minuten köcheln lassen.

> Obwohl der Strauß kein heimischer Vogel ist, hat ihn Hildegard speziell für mollige Menschen empfohlen.

Rehschnitzel

4 Rehschnitzel à 150 g	kalt waschen, trockentupfen, 24 Stunden lang in folgende Beize legen und mehrmals wenden:
¼ Liter Rotwein, 1 EL Rotweinessig,	
100 ml Wasser	(wenn notwendig),
1 kleine Zwiebel,	in Ringe geschnitten,
1 Knoblauchzehe,	entkeimt und in Scheiben geschnitten,
5 Kubebenkörner, 5 Pfefferkörner, 3 Wacholderbeeren,	
1 Stück Zitronenschale	Alle Zutaten gut verrühren. Die Schnitzel nach dem Beizen abtropfen lassen und mit
Galgant	und
Bertram	würzen. Bei milder Hitze in
1 EL Butterschmalz	von beiden Seiten anbraten und warm stellen. Jetzt erst salzen. Die Sauce mit
100 ml Rotwein	ablöschen, aufkochen und mit
Galgant, Bertram, Ysop, Quendel,	
1 Hauch Zimt	und
Salz	würzen.

Die Rehschnitzel nochmals kurz in die Sauce legen und mit Dinkelnudeln servieren. Pro Portion 1 Esslöffel abgetropftes Quittenkompott (siehe Seite 112) auf dem Teller anrichten.

> Wer es gern sämig hat, kann die Sauce mit 1 Esslöffel Mehlbutter binden, die sich gut auf Vorrat machen lässt: 50 g Butter bei Zimmertemperatur weich werden lassen und mit 150 g Dinkelfeinmehl verkneten. Eine Rolle formen und in Klarsichtfolie tiefgefrieren. Die Mehlbutter eignet sich zum schnellen Binden von Saucen, Gemüsen und Suppen.

Zicklein mit Quendel

1,5 kg vordere Keule	und/oder
Rippen einer jungen Ziege	in große Stücke teilen und in einer Mischung aus
½ Tasse Wasser	und
½ Tasse Essig	waschen und gut trockentupfen.

Marinade:

1 Tasse Sonnenblumenöl,	
½ KL Galgant,	
½ KL Bertram,	
5 Zweige Quendel,	
2 Knoblauchzehen	entkeimen und in Scheiben schneiden Alle Zutaten gut verrühren. Das Fleisch in dieser Marinade 12 Stunden einlegen und mehrmals wenden. Anschließend einen Teil der Ölmarinade in einer großen Pfanne erhitzen und das Ziegenfleisch darin anbraten. Den Knoblauch entfernen und
1 Tasse trockenen Weißwein	beifügen. Mit
Salz	abschmecken. Die Fleischstücke je nach Größe 30–40 Minuten bei milder Hitze garen.

Statt Ziegenfleisch kann auch Lammfleisch verwendet werden.

Ob Sie Rot- oder Weißwein verwenden, ist immer Geschmackssache. Weißwein regt an, Rotwein beruhigt.

Hühnerleber mit Dinkelreis

600 g Hühnerleber	kalt waschen und in mundgerechte Stücke schneiden.
2 EL Sonnenblumenöl	erhitzen,
1 Zwiebel	fein hacken und goldgelb anrösten, die Hühnerleber miträsten. Mit
1 EL Dinkelfeinmehl	bestauben und alles zusammen kräftig Farbe nehmen lassen. Mit
100 ml Rotwein	ablöschen und mit
Galgant, Bertram	und
Quendel	würzen. Mit
Wasser	aufgießen, bis eine sämige Sauce entsteht. Zum Schluss mit
Salz	abschmecken und mit Dinkelreis oder Dinkelnudeln servieren.

Lebensmittel sollten immer auch Heilmittel sein:
Hühnerleber hilft gegen Blutarmut.

„Der Mensch soll sich davor hüten, siedend heiße und dampfende Speisen zu essen. Er soll nach dem Kochen warten, bis sich der heiße Dampf verzogen hat. Wenn er nämlich kochend heiße, dampfende Speisen isst, blähen und treiben sie den Magen auf."
(Hildegard von Bingen)

Hühnerleber auf italienische Art

600 g Hühnerleber	kalt waschen und trockentupfen. Große Stücke in Scheiben schneiden, kleine Stücke ganz lassen.
4 große Zwiebeln	in Ringe schneiden und langsam in
3 EL Sonnenblumenöl	bei milder Hitze etwa 25 Minuten glasig dünsten.
2 EL gehackte Petersilie	dazugeben und nach und nach
1 Tasse trockenen Weißwein	beifügen. Mit
Galgant, Bertram	und
Ysop	würzen. Die Platte auf starke Hitze schalten, die Hühnerleberscheiben in die kochende Sauce geben und ca. 3 Minuten köcheln lassen. Die Sauce mit
Salz	abschmecken und mit
1 EL kalter Butter	binden.

Das Einrühren kalter Butter bindet Saucen und gibt einen schönen Glanz. Die Sauce nicht mehr aufkochen und sofort servieren!

Hildegard schätzt Wein und Dinkelbier als Getränke sehr. Allerdings sollten immer einige Tropfen Wasser in den Wein gegeben werden. So wird er bekömmlicher und harmonischer im Geschmack.

Fischgerichte

Forelle in der Folie

4 kleinere Forellen	mit kaltem Wasser abspülen und gut trockentupfen. Innen und außen mit
Salz	und
Zitronensaft	würzen.
2 EL Petersilie	hacken,
2 Knoblauchzehen	entkeimen und in Scheibchen schneiden,
1 Zitrone	in kleine Stücke schneiden, außerdem
2 EL Quendelkraut,	
2 EL Ysopkraut,	
Galgant	und
Bertram	gut vermengen und alles zusammen in den Bauch der Forellen füllen. Vier Stücke Alufolie mit
Sonnenblumenöl	bestreichen, je eine Forelle in einem Stück Alufolie verpacken. Bei 180 Grad ca. 15 Minuten garen.

Verwenden Sie nach Möglichkeit Fische aus heimischen Gewässern. Die Forelle in der Folie eignet sich auch hervorragend zum Grillen.

Felchenfilets in Poleiminzesauce

8 Felchenfilets	unter fließendem Wasser waschen, auf ein trockenes Küchentuch legen und trockentupfen. Die Filets auf der Fleischseite mit
Salz	bestreuen und mit
Zitronensaft	beträufeln. Auf der Hautseite in
Mehl	tauchen. In einer beschichteten Pfanne
Butterschmalz	oder Sonnenblumenöl heiß werden lassen. Sobald das Öl heiß ist, die Filets mit der bemehlten Seite nach unten in die Pfanne geben und bei starker Hitze so lange anbraten, bis das Fischfleisch weiß wird. Dann die Felchenfilets aus der Pfanne nehmen und auf einen Teller legen. Den Fischfond mit etwa
100 ml Weißwein	ablöschen.
Salz, Galgant, Bertram	und
1 Prise Zimt,	sowie
Poleiminze	dazugeben, mit
1 Schuss Wasser	verdünnen und 2 Minuten köcheln lassen. Die Felchen mit der Fleischseite nach unten in die Fischsauce zurückgeben und bei reduzierter Hitze noch 1 Minute dünsten lassen. Eventuell einige Blättchen
Zitronenmelisse	klein hacken und zum Schluss der Sauce beigeben.

Die fertigen Felchenfilets mit der Fleischseite nach oben auf die Teller legen und mit der Sauce übergießen.

> Poleiminze reinigt nach Hildegard von Bingen den Magen.
> Melisse erfreut das Herz und bringt den Menschen zum Lachen.

Zander auf Zucchini

600 g Zanderfilets	unter kaltem Wasser abspülen, trockentupfen und mit
Salz	und
Zitronensaft	einreiben.
400 g Zucchini	in kleine Würfel schneiden, mit
Galgant, Bertram, Quendel	und
Salz	würzen, gut vermischen und in eine gefettete Auflaufform geben.
100 ml Weißwein	dazugießen. Die Zanderfilets auf die Zucchiniwürfel legen und mit
Béchamelsauce	(siehe Seite 29) bedecken. Bei 180 Grad ca. 35 Minuten garen. Nach den ersten 10 Minuten
½ Tasse Semmelbrösel	(siehe Seite 58) auf der Béchamelsauce verteilen.

Beim Verarbeiten von Fisch gelten immer die 3 S: säubern – säuern – salzen.

Je einfacher die Speise und je weniger Beilagen bei einem Gericht sind, umso leichter verdaulich ist das Essen.

Nudelgerichte und Spätzle

Nudeln mit verschiedenen Saucen

Nudelteig (siehe Seite 143) vorbereiten. Nudeln in gewünschter Form herstellen, bissfest kochen und mit einer Sauce nach Wahl servieren.

Austernpilzsauce

1 Zwiebel	fein schneiden und in
1 EL Butterschmalz	goldgelb rösten.
300 g Austernpilze	grob schneiden und mitrösten. Mit
Galgant, Bertram,	
Quendel, Ysop	und
Salz	würzen und mit
1 Schuss Weißwein	und
1 Tasse Wasser	ablöschen. Mit
gehackter Petersilie	bestreuen.

Kräutersauce

100 ml kaltes Wasser	mit
2 EL Dinkelmehl	verrühren. Mit
¼ Liter Milch oder Wasser	aufgießen und 10 Minuten köcheln lassen.
4 EL frische Kräuter	dazugeben, mit
Galgant, Bertram	und
Salz	würzen und mit
Rahm	verfeinern.

Gorgonzolasauce

200 g Gorgonzola,	
⅛ Liter trockenen Weißwein	und
⅛ Liter Rahm	unter ständigem Rühren einkochen lassen und kräftig mit
Galgant	würzen.

Zucchinisauce

1 kleine Zwiebel	fein schneiden und in
1 EL Butterschmalz	goldgelb rösten.
1 Knoblauchzehe	fein hacken und kurz mitrösten.
2 kleine Zucchini	fein würfeln und mitrösten. Mit
1 Schuss Weißwein	ablöschen und mit
Galgant, Bertram,	
Quendel	und
Ysop	würzen. Mit
1 Tasse Wasser oder Rahm	aufgießen, kurz köcheln lassen und mit
Salz	abschmecken.

Spargelsauce

300 g grünen Spargel	in Salzwasser bissfest kochen und in mundgerechte Stücke schneiden.
2 EL Dinkelfeinmehl	mit
¼ Liter Rahm	kalt anrühren und mit
Galgant, Bertram	und
Salz	würzen. 10 Minuten köcheln lassen, eventuell etwas Wasser beigeben, den Spargel beifügen und kurz mitkochen.

> Alle Nudelsaucen eignen sich auch bestens für Risottos (siehe Seite 94). Den Risotto ringförmig auf Tellern anrichten und die Sauce in der Mitte platzieren.

Nudeln mit Pestosauce

	Pro Portion
1 EL Pesto	in einer großen Pfanne mit
½ Tasse Nudelwasser	vermengen, kurz köcheln lassen und die gekochten Nudeln untermengen.

Basilikumpesto

4 Tassen Basilikumblätter,	
1 Tasse geriebener Parmesan,	
1 Tasse Pinienkerne,	
4 frische Knoblauchzehen,	
2 EL Salz	Alle Zutaten in der Küchenmaschine zerkleinern und unter weiterem Rühren so viel
Sonnenblumenöl	dazugeben, bis eine sämige, feuchte Paste entsteht.

> Basilikum löst die Zunge und sollte von Menschen mit Sprechhemmungen vermehrt gegessen werden.

Bärlauchpesto

1 Tasse Mandeln	und
2 Tassen Bärlauch	in der Küchenmaschine hacken, mit
1 EL Salz	und
Galgant	würzen. Unter weiterem Hacken so viel
Sonnenblumenöl	dazugeben, bis eine sämige Paste entsteht.

> Pesto lässt sich gut auf Vorrat machen:
> Das Pesto in kleine Gläser füllen und mit Sonnenblumenöl begießen. Kühl und dunkel lagern.

Ravioli mit Wildkräuterfülle

	Nudelteig (siehe Seite 143) vorbereiten.
Wildkräuterfülle:	
1 kleine Zwiebel	fein schneiden und in
1 EL Butterschmalz	goldgelb anrösten.
200 g Wildkräuter (z. B. Brennnessel, Wegerich, Löwenzahn, Gundelrebe, Minze, Kerbel, Rainfarn)	dazugeben, mitdünsten, mit
Galgant, Bertram	und
Salz	würzen und auskühlen lassen. Mit dem Mixstab pürieren und
150 g Topfen	untermengen.

Den Nudelteig dünn ausrollen und mit einem Glas Kreise ausstechen. Die Fülle auf jedem zweiten Kreis verteilen, jeweils mit einem leeren Teigblatt abdecken und den Rand festdrücken. In reichlich Salzwasser 3–4 Minuten kochen. Mit Parmesan bestreuen und mit heißer Butter beträufeln.

Ravioli mit Fetafülle

	Nudelteig (siehe Seite 143) vorbereiten.
Fetafülle:	
150 g Feta-Schafskäse	mit einer Gabel gut zerdrücken.
50 g Topfen	untermengen.
1 Tasse Minzeblätter	fein hacken, dazugeben und zu einer homogenen Masse rühren.

Weitere Verarbeitung siehe oben.

> Auch beim Essen immer auf das richtige Maß, auf die „Discretio“ achten! Wer zu viel oder zu wenig isst, wird krank, warnt Hildegard.

Cannelloni mit Ricottafülle

300 g Blattspinat	blanchieren, ausdrücken und hacken.
1 Knoblauchzehe	klein schneiden, mit
1 Becher Hüttenkäse	vermischen und mit
Galgant, Bertram,	
Muskatnuss	und
Salz	würzen. Gekochte
Lasagneblätter	dünn mit der Fülle bestreichen, dabei aber wie beim Strudel 1/3 des Teiges freilassen, aufrollen und in eine gefettete Auflaufform geben. Mit
Béchamelsauce	(siehe Seite 29) überziehen und bei 180 Grad ca. 15 Minuten gratinieren.

> Variante: Eine schnell zubereitete Fülle ist eine Mischung aus 2 Becher Hüttenkäse, 2 EL Pesto (siehe Seite 86) und 1 klein geschnittenen Frühlingszwiebel.

Nudelauflauf mit Salbei

250 g rohe Dinkelnudeln	in eine Auflaufform geben.
½ Liter Milch,	
¼ Liter Rahm,	
1 gepresste Knoblauchzehe,	
10 Salbeiblätter,	
30 g Pinienkerne,	
Galgant, Bertram	und
Salz	gut vermischen und über die Nudeln gießen. Bei 180 Grad ca. 45 Minuten überbacken. Den Auflauf die ersten 20 Minuten mit Folie abdecken. 10 Minuten vor Ende der Garzeit
100 g Gorgonzola	in Stücke schneiden und über den Auflauf verteilen.

Brennnesselspätzle

Es werden ausschließlich die jungen, 10 cm hohe Triebe verwendet. Sie werden gepflückt, gewaschen und schließlich zupft man die Blätter von den groben Stielen. Auf ½ kg Mehl benötigt man etwa ½ kg Brennnesseln. Die Brennnesseln können mit Blattspinat oder Mangold gestreckt werden.

Brennnesselpüree vorbereiten:

Brennnesseln	in etwas
Butterschmalz	oder Sonnenblumenöl andünsten, mit
Galgant, Bertram,	
Muskatnuss	und
Salz	würzen. Mit etwas Wasser aufgießen, weich dünsten und mit dem Stabmixer pürieren. Auskühlen lassen.

Brennnesel-Spätzleteig:

500 g Brennnesselmus,	
500 g Dinkelmehl,	
2–3 EL Dinkelgrieß	(dadurch bekommen die Spätzle einen angenehmen Biss),
2 Eier,	
Salz,	
2 Prisen Galgant	zusammen verrühren. Es soll ein zäher Teig entstehen. ½ Stunde durchziehen lassen (eventuell etwas Mehl dazugeben) und dann ins kochende Wasser spätzeln.

Variante 1: Brennnesselspätzle in eine gefettete Auflaufform geben, mit Käse bestreuen und kurz gratinieren.

Variante 2: Die Spätzle in eine gefettete Auflaufform geben, mit Béchamelsauce, in die ebenfalls etwas Käse untergemengt ist, überziehen und im Rohr überbacken.

> Brennnesselmus kann auch zu einer Suppe oder zu einer Omelettenfülle weiterverarbeitet werden!

Kürbisspätzle

Kürbismus vorbereiten:

Kürbis	würfeln, in wenig
Butter	weich dünsten und auskühlen lassen.

Kürbis-Spätzleteig:

500 g Kürbismus,	
500 g Dinkelmehl,	
50 g Dinkelgrieß,	
2 Eier, Galgant	und
Salz	Einen zähen Spätzleteig herstellen (siehe Seite 90).

Die Spätzle in eine Auflaufform schichten, geriebenen Käse und Zwiebelringe darüber verteilen und bei 180 Grad gratinieren.

Grießschnitten vom Blech

800 ml Milch,	
200 g Dinkelgrieß,	
Galgant, Bertram,	
Muskatnuss	und
Salz	kalt anrühren und aufkochen. Sobald die Grießmasse kocht, die Herdplatte ausschalten, den Deckel auf den Kochtopf geben und das Ganze 20 Minuten quellen und dann überkühlen lassen.
50 g weiche Butter,	
2 Eier	und
2 EL Parmesan	unterrühren. Das Ganze auf ein gefettetes Backblech streichen.

Die Masse mit flüssiger Butter beträufeln, mit Reibkäse bestreuen und ca. 4 Stunden an einen kühlen Ort stellen.
Bei 200 Grad 25–30 Minuten backen.

Sonstige Hauptspeisen

Pizza-Zungen

Aus halb Dinkelfeinmehl und halb Weizenvollmehl einen Pizzateig (siehe Seite 158) zubereiten. Kleine Teigstücke so ausrollen, dass zungenförmige Fladen entstehen. Die Fladen mit einer Gabel mehrmals einstechen und bei 200 Grad 10 Minuten vorbacken.

300 g Blattspinat	in Salzwasser blanchieren, kalt abschrecken, gut ausdrücken und mit
1 Knoblauchzehe,	gehackt,
Galgant, Bertram	und
Salz	gut vermengen und auf den Pizza-Zungen verteilen.
200 g Mozzarella	in Streifen schneiden und auf den Spinat legen. Bei 200 Grad weitere 10 Minuten backen.

Thunfischpizza

	Pizzateig zubereiten (siehe Seite 158).
Belag (pro Blech):	
300 g Tomaten	entkernen, klein schneiden und mit
Galgant, Quendel	und
Salz	würzen. Auf dem Teigboden verteilen.
200 g Mozzarella	würfeln und über die Tomaten geben. Nach Belieben mit
Thunfisch oder Kapern, Artischocken etc.	belegen. Bei 220 Grad ca. 20 Minuten backen.

Dinkelrisotto (= Dinkelreis)

2 Tassen Dinkelreis	in ein Sieb geben, unter fließendem Wasser abspülen und abtropfen lassen.
1 Zwiebel	fein schneiden und in
1 EL Öl oder Butterschmalz	glasig dünsten. Den Reis dazugeben und alles zusammen kurz durchrösten. Mit
100 ml Weißwein	ablöschen und mit
Galgant, Bertram, Quendelpulver	und
Griechenklee	würzen.
2 Tassen Wasser	portionenweise dazugeben und den Dinkelrisotto 20 Minuten köcheln lassen. Immer wieder umrühren. Am Ende der Garzeit salzen. Zuletzt
1 Stück Butter	und etwas
Parmesan	unterrühren.

Variante 1: 1 Tasse frisch gehackte Kräuter (z. B. Gundelrebe, Löwenzahn, Petersilie oder Brennnesseln) unterrühren.

Variante 2: 10 Minuten vor Kochende gewürfeltes Gemüse (z. B. Fenchel oder Karotten) dazugeben und den Risotto, wie oben beschrieben, fertig kochen.

Weitere passende Saucen-Rezepte finden Sie auf Seite 84f.

Dinkelreis (= geschälter Dinkel) ist schon nach 15–20 Minuten gar. Er ist sehr leicht verdaulich.

Hildegard empfiehlt den täglichen Mittagsschlaf zur Erhaltung der Gesundheit. Dieser sollte jedoch nie länger als 20 Minuten dauern.

Süße Hauptspeisen

Apfel-Topfen-Auflauf

1 EL Butter,	
6 EL Rohrohrzucker	und
3 Eigelb	schaumig rühren, dann
½ kg Topfen,	
3 EL Dinkelgrieß,	
1 KL Weinsteinbackpulver	und
1 Prise Salz	dazugeben und nochmals gut durchrühren. Zum Schluss die
3 geschlagenen Eischnee	unterheben.

Äpfel schälen und in Schnitze schneiden. Eine Auflaufform einfetten und die Apfelschnitze einschichten. Die Topfenmasse darüber verteilen und das Ganze eventuell mit Mandelplättchen bestreuen. Den Auflauf bei 160 Grad etwa 50 Minuten backen.

Süße Grießschnitten

200 g Dinkelgrieß	in
800 ml kalte Milch	einrühren und aufkochen lassen.
1 Prise Salz	und
2–4 EL Rohrohrzucker	dazugeben und mit dem Schneebesen rühren, bis ein fester Teig entsteht.

Die Masse ca. 1½ cm dick auf ein feuchtes Brett streichen, auskühlen lassen und Rhomben schneiden. Diese in Butter anbraten. Die Grießschnitten entweder mit einer Mischung aus Zimt, Zucker und gehackten Mandeln bestreuen oder/und mit Kompott servieren.
Werden die Schnitten mit Wasser und ohne Zucker, dafür mit mehr Salz zubereitet, eignen sie sich hervorragend als pikante Beilage.

Gedeckte Quittenwähe

500 g Wähenteig	(siehe Seite 144) ausrollen und auf ein Blech legen.
Fülle:	
700 g Quittenpüree	(siehe Seite 110),
200 g Rohrohrzucker,	
200 g Mandeln,	gemahlen, und
1 KL Zimtpulver	verrühren und auf dem Teig verteilen.
Guss:	
4 Eier, 500 g Topfen,	
180 g Sauerrahm,	
1 Prise Salz	und
2 EL Rohrohrzucker	verrühren und über die Fülle gießen.

Bei 220 Grad ins Rohr schieben, 10 Minuten backen, auf 200 Grad absenken und weitere 20 Minuten backen.

Wähe mit Quittenschnitzen

500 g Wähenteig	(siehe Seite 144) ausrollen, auf ein Blech legen, mit
Dinkelflocken	und geriebenen
Mandeln	bestreuen. Gebratene
Quittenschnitze	darauf verteilen.
Guss:	
100 g Dinkelfeinmehl,	
2 Eier, ¾ Liter Milch,	
Salz, Zimt	und
2 EL Rohrohrzucker	miteinander verrühren.

30 Minuten quellen lassen (wichtig!) und über die Quittenschnitze verteilen. Bei 220 Grad ins Rohr schieben, 10 Minuten backen, auf 200 Grad absenken und weitere 20 Minuten backen.

Süßer Dinkelriebel

Gekochte Dinkelkörner – Grundrezept:

1 kg Dinkelkörner	in einem feinen Sieb so lange kalt abspülen, bis das Wasser klar bleibt. Dann die Körner mit
2 Liter kaltem Wasser	aufkochen. Wenn das Wasser kocht, mit
Galgant	und
Bertram	würzen und ca. 40 Minuten köcheln lassen. Erst jetzt
Salz	dazugeben und weitere 15–20 Minuten nachquellen lassen (die Körner müssen platzen).

Riebel:

600 g Dinkelkörner,	gekocht, mit einem Wiegemesser grob hacken oder in der Küchenmaschine zerkleinern und in
2 EL Butterschmalz	10–30 Minuten braten.

Nach 10 Minuten ist der Riebel noch weich, nach 20–30 Minuten wird er knusprig. Eventuell mit Rohrohrzucker bestreuen und mit Apfelkompott servieren.

Gekochte Dinkelkörner portionenweise tiefgefrieren. Sie eignen sich für Füllungen, für Müsli und für Brotmischungen.

Marillenknödel mit Mandelbrösel

250 g Topfen,	
100 g Dinkelgrieß,	
50 g Dinkelfeinmehl	oder Dinkelvollmehl,
1 Ei,	
½ KL Salz	und
1 Prise Galgant	gut miteinander mischen und 10 Minuten ziehen lassen. 1 Esslöffel Teig flach drücken und je 1 entkernte Marille damit umhüllen. In reichlich Salzwasser ca. 12 Minuten ziehen lassen.

Mandelbrösel:

40 g Dinkelbrotbrösel	und
80 g geriebene Mandeln	in
20 g Butter	unter ständigem Rühren goldgelb rösten. Dann
1 EL feinen Rohrohrzucker	und
1 KL Zimt	untermischen.

Marillenknödel in den Bröseln drehen und mit gebräunter Butter servieren.

In jede entkernte Marille etwas Zimtpulver und ½ Würfel Rohrohrzucker geben.

Mandelbrösel kann man gut auf Vorrat machen, indem man die fertigen Brösel gut auskühlen lässt und in Vorratsdosen lagert.

Beilagen

Maronigemüse

1 gehackte Zwiebel	in
1 EL Butterschmalz	goldgelb andünsten.
500 g Maroni,	tiefgefroren, dazugeben und kurz durchrösten. Die Maroni mit
1 EL Dinkelfeinmehl	stauben und alles kräftig Farbe nehmen lassen. Mit
⅛ Liter Rotwein	ablöschen und mit
Galgant, Bertram, Quendel, Griechenklee	und
Salz	würzen. Alles so lange dünsten, bis eine sämige Sauce entsteht. Eventuell etwas Wasser dazugeben.

Bei der Maroni finden wir wie beim Dinkel die doppelte Schale, die die Frucht vor Umwelteinflüssen schützt. Durch schwere Krankheiten geschwächte Menschen kommen durch vermehrten Kastanienkonsum zu neuen Kräften.

Pikanter Dinkelriebel

2 Tassen Dinkelkörner,	gekocht (siehe Seite 98), mit einem Wiegemesser grob hacken.
1 gehackte Zwiebel	in
Butterschmalz	anbraten und die Körner dazugeben.

Je nachdem, ob der Riebel weich oder knusprig sein soll, 10–30 Minuten rösten. Den Riebel mit frischen Kräutern oder nur mit gehackte Petersilie bestreuen.

Dinkel ist nach Hildegard das wertvollste Getreide überhaupt und sollte täglich in beliebiger Form genossen werden.

Liebliche Karotten

800 g Karotten	schälen und längs in Stifte schneiden.
1 Zwiebel	fein hacken und in
1 EL Butterschmalz	glasig dünsten.
1 KL Rohrohrzucker	dazugeben, karamelisieren lassen und die Pfanne anschließend vom Herd nehmen. Dann die Karotten dazugeben, alles gut durchrühren und mit
100 ml Wasser	aufgießen. Mit
Galgant, Bertram	und
Salz	würzen. Das Gemüse 15 Minuten dünsten und mit
1 Prise Zimt	verfeinern.

Wurzelgemüse hat in der Hildegard-Küche einen hohen Stellenwert.

Karotten mit Poleiminze

800 g Karotten	schälen, in Scheiben oder Würfel schneiden und in
1 EL Butterschmalz	andünsten. Mit
1 EL Dinkelfeinmehl	bestäuben, alles durchrösten und mit
1 Schuss Weißwein	ablöschen.
150 ml Wasser	dazugeben, mit
Galgant, Bertram	und
Salz	würzen. Das Gemüse 15 Minuten dünsten lassen, mit
Rahm	verfeinern und zum Schluss
gehackte Poleiminze	über die Karotten streuen. Das Gemüse nochmals kurz aufkochen.

Selleriegemüse

800 g Knollensellerie	zuerst in 1 cm dicke Scheiben schneiden, schälen und dann in 1 cm große Würfel schneiden. Das Selleriegrün aufbewahren. Die Würfel in
2 EL Butterschmalz	gut Farbe nehmen lassen, mit
1 EL Dinkelvollmehl	bestäuben, alles kurz durchrösten und mit
1 Schuss Weißwein	ablöschen.
200 ml Wasser	dazugeben und mit
Galgant, Bertram, Griechenkleepulver	und
Salz	würzen. Das Gemüse ca. 20 Minuten köcheln lassen, anschließend mit
Rahm	verfeinern und mit gehacktem
Selleriegrün	bestreuen.

Griechenkleepulver macht nach Hildegard den »rechten« Appetit und schmeckt ausgezeichnet.

Überbackener Fenchel

Fenchelknollen	waschen, halbieren und in Salzwasser 5–8 Minuten bissfest kochen. Dann die Fenchelhälften 4 Mal einschneiden, etwas flach drücken, in eine gefettete Auflaufform geben, mit
Reibkäse	bestreuen. Bei 160 Grad 15 Minuten überbacken.

Nach Hildegard macht der Fenchel den Menschen froh und sollte dementsprechend häufig gegessen werden.

Kichererbsenpüree

500 g Kichererbsen 2 Liter Wasser	über Nacht in einweichen.
Grundzubereitung:	Das Einweichwasser abschütten. Die Kichererbsen kalt abspülen und mit der 3fachen frischen Wassermenge in einen Kochtopf geben.
1 Zwiebel,	
2 Nelken	(in die Zwiebel stecken),
2 Lorbeerblätter,	
3 Galgantwurzeln	und
3 Bertramwurzeln	dazugeben. Die Kichererbsen mindestens 1–1½ Stunden kochen (im Dampfkochtopf 40–60 Minuten).
Püree fertig stellen:	Zwiebel und Gewürze von den Kichererbsen entfernen.
200 ml Milch	aufkochen,
500 g gekochte Kichererbsen	dazugeben, mit
Salz,	
Galgant, Bertram	und
Ysop	würzen und gut pürieren.

Restliche Kichererbsen zu Aufstrich oder Salat weiterverarbeiten oder einfrieren.

Nachspeisen

Grieß-Zauber

90 g Dinkelgrieß	mit
½ Liter Milch	kalt anrühren, aufkochen und 10 Minuten auf der ausgeschalteten Herdplatte ausquellen lassen.
50 g Rohrohrzucker,	
1 Prise Salz,	
1 EL Zitronensaft,	
1 KL Zitronenzesten,	
2 Msp. Safran	und
2 Eidotter	unter die Grießmasse ziehen.
2 Eiweiß	steif schlagen, unter die warme Grießmasse ziehen und einmal aufkochen lassen.

Eine kalt ausgespülte Form mit Zucker ausstreuen und die Masse einfüllen. Mindestens 2 Stunden kalt stellen, stürzen und je nach Saison mit Früchten verzieren.

> Safran wird von Hildegard nicht beschrieben, gibt dem Grieß-Zauber aber seine besondere Note und frische Farbe.

Schokocreme

2 EL Dinkelfeinmehl,	
1 EL Kakaopulver	und
2 EL Rohrohrzucker	mit wenig Milch kalt anrühren, damit sich keine Klümpchen bilden. Mit dem Rest von
½ Liter Milch	mischen und unter ständigem Rühren 10 Minuten köcheln lassen.

> Ein süßer Genuss erfreut die Seele. Allerdings weist Hildegard immer wieder darauf hin, das richtige Maß („Discretio") zu beachten.

Johannisbeer-Küchlein

150 g Dinkelvollmehl, 50 g Rohrohrzucker, 50 g gehackte Mandeln, 200 ml Milch,	
1 EL Rum	und
3 Eidotter	gut verrühren und den Teig ½ Stunde quellen lassen.
3 Eiweiß	mit
1 Prise Salz	steif schlagen und vorsichtig unter den Teig heben. Anschließend
350 g Johannisbeeren	beifügen.

Den Teig mit einem Esslöffel portionenweise in Sonnenblumenöl oder Butterschmalz geben und bei mittlerer Hitze kleine Küchlein backen. Nach 2–3 Minuten umdrehen und fertig backen.
Die Küchlein mit fein gemahlenem Rohrohrzucker bestreuen.

Probieren Sie die Küchlein auch mit Brombeeren, Himbeeren oder Stachelbeeren aus.

Der Rum sorgt dafür, dass die Küchlein beim Backen nicht so viel Fett ansaugen.

Gebratene Quitten

Quitten trocken abreiben und dann erst waschen. Die Früchte auf ein Backblech legen und im Rohr bei 180 Grad, je nach Größe, ca. 40–50 Minuten braten. Die Früchte sind gar, wenn man mit der Gabel bis zum Gehäuse stechen kann.

Variante 1: Früchte halbieren, Kerngehäuse entfernen, mit Zimt und Zucker bestreuen. Eventuell Schlagrahm dazu servieren.

Variante 2: Früchte halbieren, Kerngehäuse entfernen und mit Kornelkirschenmarmelade auffüllen.

Am besten immer ein ganzes Backblech Quitten zubereiten, pürieren und portionenweise tiefgefrieren.

Quittenmus (Grundrezept)

Gebratene Quitten auskühlen lassen, das Fruchtfleisch vom Gehäuse abschaben und in der Küchenmaschine pürieren. Dieses Püree gleich weiterverarbeiten oder portionenweise einfrieren. Wenn die gebratenen Quitten 24 Stunden auskühlen, verfestigt sich das fruchteigene Pektin und es lassen sich ganz leicht Schnitze vom Kerngehäuse lösen, die ebenfalls gut eingefroren werden können.

Quittenschaum

300 g Quittenmus (siehe oben),
¼ Liter Rahm, geschlagen, und
2 EL Rohrohrzucker mischen und in Dessertschalen servieren.

Quittenkompott

1 kg rohe Quitten	vierteln, das Kerngehäuse entfernen und in 3–5 mm dicke Scheiben schneiden. Mit
1 Liter Wasser	und
1 Vanilleschote	zum Köcheln bringen und bei kleiner Hitze ca. 30–40 Minuten auf dem Herd stehen lassen. Zum Schluss
300 g Rohrohrzucker	und
400 ml Weißwein	(oder 200 ml Weißwein und 200 ml Apfelsaft) 3 Minuten mitkochen lassen und das Ganze in Gläser füllen. Die Gläser verschließen, auf den Kopf stellen und auskühlen lassen.

Wenn Sie die exotische Note in der Küche lieben, legen Sie einige Quittenkompott-Stücke einem Braten bei oder mischen Sie sie einem pikanten Salat unter.

Kürbis-Apfel-Püree

500 g Kürbisfleisch,	in kleinen Würfeln, und
400 g Äpfel,	entkernt und geschält, mit
70 g Rohrohrzucker	und
wenig Wasser	weich dünsten, pürieren und mit
½ KL Zimtpulver,	
1 Msp. Muskatnuss	und
1 Msp. Nelkenpulver	abschmecken. Zum Schluss
¼ Liter geschlagenen Rahm	unter die kalte Masse ziehen.

Das Kürbis-Apfel-Püree kann auch pur oder statt Rahm mit Joghurt oder Topfen serviert werden.

Birnenkompott

4 Birnen	schälen, das Kerngehäuse entfernen, in
kochendes Wasser	geben, bis sich Schaum bildet, und das Wasser anschließend wegschütten.
¼ Liter Wasser,	
¼ Liter Weißwein,	
1 Gewürznelke,	
½ Stange Zimt	und
1 EL Rohrohrzucker	zusammen zum Kochen bringen und 5 Minuten köcheln lassen.

Die Birnenhälften auf Desserttellern anrichten. Den Saft auf 200 ml einkochen lassen, über die Birnenhälften verteilen und in die Mitte jeweils einen Tupfer Kornelkirschenmarmelade geben und gehackte Mandeln darüber streuen.

> Birnen sollten nach Hildegard von Bingen prinzipiell nur gekocht gegessen werden.

Quittenkonfekt

1 kg rohe Quitten	grob raspeln und mit
1 kg Rohrohrzucker	in einem großen Topf unter ständigem Rühren so lange kochen, bis sich die Masse ansetzt. Dann
1 Tasse Mandeln,	gehackt, und
1 EL Galgant	beigeben und gut durchrühren.

Die abgekühlte Masse auf Backpapier ca. 1 cm dick aufstreichen und zugedeckt ca. 3–4 Wochen oder im Backrohr bei 50 Grad ca. 3 Stunden trocknen lassen.

> Dieses Konfekt ist ein wunderbarer Ersatz für Gummibären und bei Kindern sehr beliebt.

Kuchen, Torten und Gebäck

Himbeerstern

4 Eier,	
1 Prise Salz	und
150 g feinen	
Rohrohrzucker	so lange schaumig rühren, bis die Masse hellgelb ist. Dann
150 g Dinkelfeinmehl	dazusieben und vorsichtig unterheben. Die Masse in eine Sternform geben und bei 180 Grad 15 Minuten backen. Auskühlen lassen und auseinander schneiden.
150 g Himbeermarmelade	glatt rühren und die Torte damit füllen.
¼ Liter Rahm	steif schlagen und mit weiteren
150 g Himbeermarmelade	glatt rühren. Die Marmelade vorsichtig unter den Rahm rühren und den Stern damit bestreichen.

Himbeeren wirken kühlend und sind in jeder Form ein sommerlicher Hochgenuss.

Groben Rohrohrzucker kann man in der Kaffeemühle fein mahlen.

Mandeltorte

Tortenboden:

4 große Eier	in eine Schüssel geben und mit dem Mixer kurz aufschlagen.
200 g Rohrohrzucker,	fein, dazugeben und so lange rühren, bis die Masse hellgelb ist und sich Luftblasen bilden.
200 g geriebene Mandeln,	
2 Msp. Gewürzpulver	(siehe Seite 131),
1 Prise Salz	sowie etwas
gehackte Zitronenzesten	unterrühren.

Die Masse nochmals kurz durchmischen und in eine Kuchenform füllen. Bei 180 Grad 45–50 Minuten backen.
Dieses Torten-Rezept (ohne Schokoladencreme!) enthält kein Mehl. Es ist daher für Mehl-Allergiker bestens geeignet!

Schokoladencreme:

100 g Butter	zergehen lassen und
100 g Rohrohrzucker,	fein, einrühren.
3 Rippen Kochschokolade	zerbröckeln,
1 EL Kakaopulver	sowie
1 EL Dinkelfeinmehl	dazugeben, gut durchrühren und so lange köcheln, bis die Creme sämig ist.
6 EL heißes Wasser	beifügen. Die Pfanne vom Feuer nehmen. Sobald die Masse etwas abgekühlt ist,
1 Ei	dazugeben und alles nochmals gut durchrühren – nicht mehr kochen!

Die Creme mindestens 2 Stunden stehen lassen, damit sich die Masse festigt. Mit einer Palette auf der Torte verteilen.

> Damit die Torte gleichmäßig aufgeht und nach dem Backen nicht zusammensinkt, den Rand der Kuchenform nicht einfetten.

Sachertorte

220 g Butter	und
220 g Rohrohrzucker	schaumig schlagen. Dann
8 Eidotter	einzeln dazufügen. Wenn die Masse luftig geschlagen ist,
250 g weiche Kochschokolade	unterrühren. Anschließend
8 Eiweiß	steif schlagen, unter die Masse heben und zum Schluss
220 g Dinkelfeinmehl	und
½ Weinsteinbackpulver	vermischen und ebenfalls vorsichtig darunter sieben. Den Teig in eine Springform geben und bei 180 Grad 60 Minuten backen.

Die Sachertorte nach dem Backen auskühlen lassen, in der Mitte auseinander schneiden, mit Marillenmarmelade bestreichen und mit Schokoladeglasur überziehen.

Schokoladeglasur:

200 g Kochschokolade	und
150 g Butter	zusammen erwärmen, glatt rühren und die Torte sofort damit überziehen.

> Diese Torte lässt sich gut auf Vorrat backen, denn sie bleibt bis zu 5 Tage frisch!

Quittencremeschnitten

500 g Blätterteig	in Bahnen (für den Boden) und in Streifen (für die Deckel) schneiden und im Rohr bei 180 Grad 15–20 Minuten backen und auskühlen lassen.
Füllung:	
400 g Quittenpüree	(siehe Seite 110),
500 g Topfen	und
130 g Rohrohrzucker,	fein, gut verrühren.
Glasur:	
100 g Staubzucker,	den
Saft von ½ Zitrone	und
etwas Wasser	zu einem zähen Brei verrühren.

Die Füllung auf eine ganze Blätterteigbahn streichen, Blätterteigstreifen mit Zuckerguss bepinseln und auf die Bahnen legen.

> Weißer Staubzucker ist zwar nicht so gesund wie brauner, sieht aber appetitlicher aus.

Quittenstrudel

250 g Strudelteig	(siehe Seite 147) zubereiten.
Fülle:	
400 g Äpfel	in Scheiben schneiden.
400 g Quittenschnitze,	gebraten (siehe Seite 110), ebenfalls in Scheiben schneiden.
60 g Rohrohrzucker,	
Zimt, Nelkenpulver	und
4 EL gehackte Walnüsse	zusammen vermischen und durchziehen lassen. Den Teig ausziehen, mit der Fülle belegen und bei 180 Grad 50 Minuten backen.

Quittengipfel

Kalter Germteig:

600 g Dinkelfeinmehl auf die Arbeitsfläche geben und mit
250 g Butter abbröseln. Eine Mulde drücken.
¼ Liter Milch mit
½ Würfel Hefe gut verrühren.
2 EL Rohrohrzucker,
1 KL Salz,
2 Msp. Fenchelpulver und
2 Eidotter dazugeben und alles gut verklopfen. Diese Eier-Milch-Mischung in die Mulde geben und alle Zutaten zu einem glatten Teig kneten. Sollte der Teig zu feucht sein, noch etwas Mehl beifügen. Den Teig 1 Stunde im Kühlschrank (!) rasten lassen.

Quittenfülle:

400 g Quittenpüree (siehe Seite 110),
200 g Rohrohrzucker,
200 g Mandeln,
1 Prise Nelkenpulver und
1 KL Zimt gut verrühren.

Wenn der Teig lange genug gerastet hat, wird er halbiert, zu zwei Kugeln geformt und jeweils zu einer runden Platte ausgerollt. Jede Platte wie eine Torte in 8–12 Stücke teilen, 1 Esslöffel Quittenfülle auf das breite Ende dieser Stücke geben und von außen nach innen aufrollen. Gipfel formen, aufs Blech legen und mit Milch bestreichen. Bei 200 Grad etwa 15 Minuten backen.

Das Quittenpüree durch Quitten- oder Mispelmarmelade ersetzen. In diesem Fall keinen Zucker mehr verwenden.

Quittengipfel können gut tiefgefroren werden. So hat man für Überraschungsbesuch oder eine Jause immer etwas griffbereit.

Kürbiskuchen

350 g Dinkelfeinmehl (eventuell einen Teil Dinkelvollmehl),
300 g Rohrohrzucker,
1 Weinsteinbackpulver,
¾ KL Kardamompulver,
2 KL Zimt,
1 Msp. Nelkenpulver,
200 g geriebene Mandeln und
1 Prise Salz trocken durchmischen. Dann
250 g Kürbis, fein geraffelt,
4 verklopfte Eier,
50 g weiche Butter und
Saft und Schale
einer Zitrone dazugeben und die Masse mit dem Mixer gut durchrühren. Den Teig in eine mit Backpapier ausgelegte Form füllen.
Bei 180 Grad 65 Minuten backen.

> Verwenden Sie zum Schneiden der Zitronenschale einen Zestenschneider!

Mohnkuchen

6 Eigelb	und
200 g Rohrohrzucker	so lange schlagen, bis die Masse hellgelb ist. Anschließend
2 Boskoopäpfel,	grob geraffelt,
150 g gemahlene Mandeln,	
150 g gemahlenen Mohn,	
1 Prise Zimt	und
1 Prise Salz	dazugeben und alles vorsichtig verrühren. Zum Schluss
6 geschlagene Eiweiß	unterheben.

Die Masse in eine Tortenform, von der nur der Boden eingefettet ist, füllen. Dadurch geht der Kuchen gleichmäßig auf und sinkt nicht wieder in sich zusammen.
Den Mohnkuchen bei 170 Grad 50–60 Minuten backen (Stricknadeltest machen!).

Dieses Kuchen-Rezept enthält kein Mehl. Es ist daher für Mehl-Allergiker bestens geeignet! Wegen des Mohns ist dieser Kuchen auch für Menschen mit Hautleiden zu empfehlen!

Mohn kann in der Kaffeemühle portionenweise fein gemahlen werden!

Gebackener Topfenkuchen

Mürbteig (siehe Seite 145) zubereiten und Boden und Rand einer gefetteten Kuchenform damit auskleiden.
Bei 180 Grad ca. 15 Minuten blind backen (siehe unten). Hülsenfrüchte und Papier entfernen.

Blindbacken: Eine Backform mit Teigboden und Teigrand auskleiden, Backtrennpapier darauf geben, mit Hülsenfrüchten (Kichererbsen, Bohnen etc.) bedecken.
Bei 180 Grad ca. 15 Minuten backen.
Die verwendeten Hülsenfrüchte aufbewahren und immer wieder verwenden. Sollte es sehr eilen, den Tortenboden mehrmals mit einer Gabel einstechen und ohne Hülsenfrüchte vorbacken. Den Teigrand gleichzeitig mit der Fülle dazugeben.

Topfenfülle:
500 g Topfen,
200 g Rohrohrzucker,
3 KL Vanillezucker,
2 EL Dinkelfeinmehl,
6–7 Eigelb und die fein gehackten
Zesten einer Zitrone gut zusammen verrühren.
6–7 Eiweiß zu Schnee schlagen und mit
50 g zerlassener Butter vorsichtig unter die Topfenmasse heben.

Die Masse auf dem blind gebackenen Mürbteigboden verteilen und bei 180 Grad nochmals ca. 35 Minuten backen.
Noch warm aus der Form nehmen und auskühlen lassen.

Maroni-Roulade

4 große Eier	mit
150 g Rohrohrzucker,	fein, so lange schaumig rühren, bis die Masse hellgelb ist. Dann
100 g Dinkelfeinmehl	und
50 g Maronimehl	dazusieben und vorsichtig unterheben.

Die Masse auf ein mit Backpapier belegtes Blech fingerdick aufstreichen und bei 180 Grad 12 Minuten backen. Die Roulade nicht zu lange backen, sonst wird sie brüchig! Anschließend die Roulade auf ein trockenes Küchentuch geben, das Backpapier entfernen, aber wieder auf die Roulade legen. Mit dem Kuchenblech abdecken und das Biskuit langsam auskühlen lassen. So bleibt die Roulade elastisch und lässt sich jederzeit rollen. Zum Schluss mit Marmelade oder mit Schokocreme füllen und aufrollen.

Schokocreme:

¼ Liter Rahm	und
120 g Kochschokolade	aufkochen, gut verrühren und mindestens 1 Stunde in den Kühlschrank stellen. Die Creme muss ganz kalt sein. Anschließend mit dem Mixer aufschlagen und in die Roulade streichen.

Diese Schokocreme ist auch eine schnelle Variante für ein Mousse au chocolat.

Sommer-Sonnen-Kuchen

150 g Butter,	
250 g Rohrohrzucker	und
5 Eier	schaumig rühren.
1 Prise Salz,	
½ Weinsteinbackpulver,	
250 g Dinkelfeinmehl	und
Saft und Zesten	
von 2 Zitronen	untermengen. Den Kuchen bei 180 Grad 1 Stunde backen und kurz überkühlen lassen. Mit einer Gabel mehrmals einstechen und mit
100 ml Zitronensaft	beträufeln. Den Kuchen auskühlen lassen und mit
Staubzucker	bestreuen oder mit Zitronenglasur (siehe Seite 118) bestreichen.

Maronikuchen

150 g Butter,	
100 g Rohrohrzucker,	
3 Eigelb	und
1 EL Vanillezucker	schaumig rühren. Separat
200 g gemahlene Mandeln	und
200 g Maronipüree	verrühren und
3 Eischnee	vorsichtig unterziehen.

Beide Massen miteinander mischen, in eine Kastenform geben und ins kalte Rohr schieben. Bei 180 Grad 45–55 Minuten backen. Den Maronikuchen in der Form auskühlen lassen!

> Vanillezucker kann man selbst herstellen:
> 1 Vanilleschote halbieren, das Mark herauskratzen und mit feinem Rohrohrzucker mischen.

Maroniriegel

200 g Butter,	
200 g Rohrohrzucker,	
2 Eier,	
1 gestrichenen KL Salz,	
2 KL Gewürzpulver	(siehe Seite 131) und
50 ml Milch	schaumig rühren.
500 g Dinkelmehl,	
50–100 g Maronimehl	(je nachdem, wie intensiv der Maronigeschmack sein soll!) und
100 g gehackte Mandeln	trocken mischen und nach und nach unter die schaumige Masse mengen.

Gut durchkneten und mindestens 1 Stunde kühl rasten lassen. 7 mm dick ausrollen, Streifen schneiden und auf ein mit Backtrennpapier belegtes Backblech setzen. Bei 180 Grad 15–20 Minuten backen. Nach Belieben mit Schokoglasur (siehe Seite 117) bestreichen.

Süße Quendelkekse

1 kg Dinkelfeinmehl,	
200 g gemahlene Mandeln,	
300 g Butter,	
250 g feinen Rohrohrzucker,	
1 Prise Salz,	
1 EL Quendel,	
4 Eier	und
100 ml Milch	zu einem eher feuchten Mürbteig verarbeiten.

Den Quendelteig mindestens 1 Stunde kalt stellen, dann ausrollen, Kekse ausstechen und bei 180 Grad ca. 15 Minuten backen.

Quendelkekse fördern die Durchblutung und stärken das Gedächtnis.

Dinkelriegel

200 g Butter, 6 EL Rohrohrzucker, 3 EL gereinigten Bienenhonig, 2 Eier, 1 KL Salz, 2 KL Zimt	und
1 Prise Nelkenpulver	schaumig rühren. Separat
500 g Dinkelmehl, 200 g geriebene Mandeln, 150 g Rosinen	(oder getrocknete, würfelig geschnittene Apfelschnitze) und
100 g gehackte Mandeln	(oder Walnüsse) auf der Arbeitsfläche mischen, eine Mulde drücken und die Butter-Eier-Masse hineingeben.

Einen geschmeidigen Teig kneten. Sollte dieser zu nass sein, noch etwas Mehl dazugeben. Den Teig 1 Stunde kühl rasten lassen, dann fingerdick ausrollen, auf ein gefettetes Backblech legen und Streifen in Riegelgröße schneiden.
Bei 180 Grad ca. 20–25 Minuten backen. Die ausgekühlten Dinkelriegel nach Belieben mit Schokoguss (siehe Seite 126) bepinseln.

> Mit 6–10 rohen Mandeln pro Tag tun Sie sich etwas Gutes, denn sie stärken sowohl das Gehirn als auch das Immunsystem.

Spitzbuben

200 g Butter 200 g Dinkelfeinmehl 100 g Rohrohrzucker, 70 g Hafermark,	in kleine Stücke schneiden und mit abbröseln.
2 Eidotter	und die
Schale 1 Zitrone	untermengen und einen glatten Mürbteig kneten.

Den Teig mindestens 2 Stunden kühl rasten lassen. Dann 4 mm dick ausrollen und Böden und „Gesichter" ausstechen. Auf ein mit Backtrennpapier belegtes Blech legen und bei 160 Grad ca. 7 Minuten backen. Die Böden mit Himbeer- oder Johannisbeergelee bestreichen, Gesichter mit Staubzucker bestreuen und auf die Böden drücken.

> Hafer ist eine gesunde, froh machende Speise für gesunde Menschen. Schwerkranken, so Hildegard, ist er nicht bekömmlich.

Zitronenherzen

200 g Butter	mit
200 g Rohrohrzucker, 1 Ei, 400 g Dinkelfeinmehl, 200 g geriebenen Mandeln,	fein, abbröseln und mit
etwas Vanillezucker	und geriebener
Zitronenschale	mischen.

Einen Mürbteig kneten. 5 mm dick ausrollen, Herzen ausstechen und auf ein mit Backtrennpapier belegtes Blech legen. Bei 180 Grad 20–25 Minuten backen. In der Zwischenzeit den Saft von ½ Zitrone mit so viel Staubzucker verrühren, bis eine streichfähige Masse entsteht, und die noch warmen Herzen damit bepinseln.

Nervenkekse

1 kg Dinkelfeinmehl,
400 g Butter,
250 g feinen Rohrohrzucker,
200 g gemahlene Mandeln,
1 Prise Salz,
3 EL Gewürzpulver (siehe Seite 131),
4 Eier und
100 ml Milch zu einem eher feuchten Mürbteig verarbeiten. Den Teig mindestens 1 Stunde (besser über Nacht) kalt stellen. Dann ausrollen, Kekse ausstechen und bei 180 Grad ca. 15 Minuten backen.

> Essen Sie Nervenkekse bewusst und so viel, wie Ihnen wohltuhend erscheint.

Griechische Zöpfle

650 g Dinkelfeinmehl,
1 Tasse Sonnenblumenöl (1 Tasse entspricht etwa 150 Milliliter),
1 Tasse Butter,
1 Tasse Sesam,
1 Tasse Rohrohrzucker,
1 Tasse Weißwein,
1 Päckchen Vanillezucker,
1 KL Weinsteinbackpulver und
1 Prise Galgant zu einem geschmeidigen Teig kneten.

Den Teig mindestens 2 Stunden rasten lassen, nochmals kurz durchkneten und zu einer Rolle formen. Von dieser Rolle kleine Scheiben abstechen und aus diesen kleine Röllchen formen. Die Röllchen in die Hälfte legen, um die eigene Achse drehen und auf ein Backblech setzen. Bei 150 Grad etwa 20 Minuten backen.

Kornelkirschenschnitten

150 g Dinkelfeinmehl, 100 g gemahlene Mandeln, 100 g feinen Rohrohrzucker, 1 KL gehackte Zitronenzesten, 1 Msp. Nelkenpulver, ½ KL Zimt	und
1 Prise Salz	trocken mischen und mit
120 g kalten Butterflocken	und
1 Ei	rasch zu einem Teig verkneten.

Den weichen Teig im Kühlschrank fest werden lassen und ihn anschließend halbieren. Jeden Teil zu einer Rolle formen und auf ein mit Backtrennpapier belegtes Blech legen. Die Rolle mit einem bemehlten Nudelholz flach drücken, sodass eine Mulde entsteht. Diese Mulde mit Kornelkirschenmarmelade bestreichen und bei 180 Grad etwa 25 Minuten backen.
Auskühlen lassen und in 3–4 cm breite Streifen schneiden.

> Die Kornelkirsche hat einen angenehm frischen Geschmack und reinigt nach Hildegard den Magen.

> Die Gewürzmischung besteht aus:
> 45 g Zimtpulver
> 45 g Muskatnusspulver
> 10 g Nelkenpulver

Brandteigkrapfen

200 ml Milch,	
200 ml Wasser,	
1 Prise Salz	und
100 g Butter	in einem großen Topf aufkochen lassen und mit einem Schwung
200 g Dinkelfeinmehl	dazugeben. Das Dinkelfeinmehl unbedingt auf einmal dazugeben, damit es nicht knollt. Die Masse so lange rühren, bis sich ein Klumpen bildet, der sich vom Topf löst. Das Ganze noch etwa 2 Minuten weiter „braten" (gebrannter Teig) und dann leicht auskühlen lassen. Anschließend
2 Eier	einzeln unterrühren und (für süße Brandteigkrapfen)
2 EL Rohrohrzucker	beimengen.

Die Masse in einen Spritzsack geben und in großem Abstand (der Teig geht stark auf!) kleine Rosetten aufs Blech dressieren. Bei 190 Grad etwa 20 Minuten backen. Die Brandteigkrapfen auf einem Gitterrost auskühlen lassen und mit Puderzucker bestreuen.

Zum Füllen die Krapfen noch heiß in der Mitte durchschneiden, dann auskühlen lassen und mit Himbeersahne (siehe Seite 115) oder Schokocreme (siehe Seite 107) bestreichen.

Pikante Variante: Die Brandteigkrapfen ohne Zucker zubereiten und mit Kräutertopfen füllen.

> Ausgekühlte Brandteigkrapfen lassen sich hervorragend tiefgefrieren!

Kraftkugeln

150 g entsteinte Datteln	mit
Zitronensaft	beträufeln und klein hacken.
2 EL gehackte Mandeln,	
2 EL geriebene Mandeln,	
2–3 EL Quittenmarmelade,	
1 KL Zitronenzesten	und
Galgant	beimengen und alles gut verkneten.

Die Masse 1 Stunde ziehen lassen, dann zu Kugeln formen und in Mandelblättchen oder Schokoglasur drehen. Mehrere Stunden auf einem Küchengitter trocknen lassen.

Schokoglasur:

2 EL Rohrohrzucker,	
2 EL Kakao,	
50 ml Wasser	und
1 KL Zimt	verrühren und 10 Minuten köcheln lassen. Dann
1 EL Butter	unterrühren und überkühlen lassen.

Die Kraftkugeln werden als Kinderjause sehr geschätzt.
In diesem Fall aber den Galgant weglassen.

Energietaler

150 g entsteinte Datteln	mit
Zitronensaft	beträufeln.
100 g Quittenkonfekt	(siehe Seite 113) und
Galgant	vermischen und klein schneiden. Taler formen und in gerösteten Sesamsamen oder in Mandelblättchen drehen.

Die Dattelfrucht ist ein wertvoller Energiespender.

Partygebäck

Pikante Quendelstängel

1 kg Dinkelfeinmehl,	
200 g gemahlene Mandeln,	
300 g Butter,	
1 EL Salz,	
2 EL Quendel,	
4 Eier	und
etwas Milch	zu einem Mürbteig verarbeiten.

Den Quendelteig mindestens 1 Stunde kalt stellen, ausrollen, auf ein mit Backtrennpapier belegtes Blech legen und mit Sesamsamen bestreuen. Stängel schneiden und bei 180 Grad 20–25 Minuten backen. Die gut ausgekühlten Quendelkekse in Dosen lagern.

> Der Quendelmürbteig eignet sich auch hervorragend als Teigboden für eine Quiche oder für einen Gemüsekuchen (siehe Seite 55).

Kichererbsenkringel

500 g Kichererbsenpüree	herstellen (siehe Seite 105). Mit
Galgant, Bertram	und
Salz	würzen.
1 Knoblauchzehe,	zerdrückt, und
1 Ei	untermengen. 10 Minuten rasten lassen.

Die Masse in einen Dressiersack füllen und kleine Kringel auf das Backblech dressieren.
Mit Sesam bestreuen und bei 180 Grad 12–15 Minuten backen.

> Nach Hildegard sollte man zum Essen immer ausreichend trinken, damit die Speisen besser verdaut werden können.

Putenschinkengipfel

Kalter Germteig:

600 g Dinkelfeinmehl	auf die Arbeitsfläche geben und mit
300 g Butter	abbröseln. Eine Mulde drücken.
¼ Liter Milch	mit
½ Würfel Hefe	gut verrühren.
1 EL Salz,	
2 Msp. Galgant,	
2 Msp. Fenchel	und
2 Eidotter	dazugeben und alles gut verklopfen.

Diese Eier-Milch-Mischung in die Mulde geben und alle Zutaten zu einem glatten Teig kneten. Sollte der Teig zu feucht sein, noch etwas Mehl beifügen. Den Teig 1 Stunde im Kühlschrank (!) rasten lassen.

Inzwischen die Fülle zubereiten:

200 g Putenschinken	in Streifen schneiden.
1 Becher Hüttenkäse,	
Galgant,	
Salz	und
2 EL gehackte Petersilie	gut vermischen.

Wenn der Teig lange genug gerastet hat, wird er halbiert, zu zwei Kugeln geformt und jeweils zu einer runden Platte ausgerollt. Jede Platte wie eine Torte in 8–12 Stücke teilen, 1 Esslöffel Fülle auf das breite Ende dieser Stücke geben und von außen nach innen aufrollen. Gipfel formen, aufs Blech legen und mit Ei bestreichen.
Bei 180 Grad etwa 20 Minuten backen.

> Möglichkeiten des Glücks gibt es viele – sie warten nur darauf, wahrgenommen zu werden. Die Freude an einem guten Essen und an einem Glas Wein kann durchaus zum beglückenden Ereignis werden.

Schafskäsegipfel

Kalten Germteig	(siehe Seite 138) zubereiten.
200 g Schafskäse,	
3 EL gehackte Wildkräuter	und
2 EL Sauerrahm	gut vermischen und auf die vorbereiteten Teigstücke verteilen. Gipfel rollen, mit Ei bestreichen und bei 180 Grad ca. 20 Minuten backen.

Käsegipfel

Kalten Germteig	(siehe Seite 138) zubereiten.
150 g Emmentaler	grob reiben.
1 verklopftes Ei,	
3 EL Weißwein,	
Galgant,	
gerebelten Quendel	und
Salz	gut vermischen und auf die vorbereiteten Teigstücke verteilen. Gipfel rollen, mit Ei bestreichen und bei 180 Grad ca. 20 Minuten backen.

> Alte Käse sind nach Hildegard schwer verdaulich und sollten nicht täglich genossen werden. Frischkäse bevorzugen.

Aperitifgebäck

500 g Dinkelfeinmehl	und
1 KL Weinsteinbackpulver	vermischen und eine Mulde drücken.
250 g weiche Butter,	
150 g Bergkäse,	fein gerieben,
1 Ei,	
3 EL Weißwein,	
1 gehäuften KL Salz	und
Galgant	in die Mulde geben und nach und nach mit dem Mehl zu einem Teig verarbeiten. Den Teig 1 Stunde im Kühlschrank rasten lassen. Dann 3 Rollen formen und nochmals 1 Stunde im Kühlschrank rasten lassen. Jede Rolle in etwa 7 mm dicke Scheiben schneiden, auf ein Backblech setzen und mit Eigelb bestreichen. Je nach Vorliebe mit
Sesam	oder mit
Mohn	oder mit
gehackten Kürbiskernen	bestreuen. Bei 180 Grad ca. 15 Minuten backen.

Hildegard weist immer wieder auf die „Subtilität“ von Lebensmitteln hin. Diese ganz spezifische Wirkung kann uns gelassen und ruhig oder aber auch zornig und ungeduldig machen.
Der Mensch ist daher tatsächlich, was er isst.

Pikante Brandteigkrapfen

200 ml Milch, 200 ml Wasser, Salz, Galgant, Bertram, Quendel	und
100 g Butter	in einem großen Topf aufkochen lassen und mit einem Schwung
200 g Dinkelfeinmehl	dazugeben. Das Dinkelfeinmehl unbedingt auf einmal dazugeben, damit es nicht knollt. Die Masse so lange rühren, bis sich ein Klumpen bildet, der sich vom Topf löst. Das Ganze noch etwa 2 Minuten weiter „braten“ und dann leicht auskühlen lassen. Anschließend
2 Eier	einzeln unterrühren

Die Masse in einen Spritzsack geben und in großem Abstand (der Teig geht stark auf!) kleine Rosetten aufs Blech dressieren.
Bei 190 Grad etwa 20 Minuten backen.
Die Krapfen noch heiß in der Mitte durchschneiden, abkühlen lassen und mit Aufstrichen oder Dips (siehe Seite 27) füllen.

> Kochen Sie immer mit Freude, denn die Energie, die in Ihnen steckt, geben Sie an das Essen weiter.

Teige

Dinkelnudelteig

400 g Dinkelfeinmehl	und
2 EL Dinkelgrieß	auf die Arbeitsfläche geben und in die Mitte eine Mulde drücken. In diese
Salz, Galgant,	
3–4 Eier	und
50–100 ml kaltes Wasser	geben.

Mit einer Gabel Eier und Gewürze gut verquirlen und nach und nach das Mehl von innen nach außen in die Eimasse einarbeiten. Einen geschmeidigen Nudelteig kneten. Es ist wichtig, dass immer genügend Mehl auf der Arbeitsfläche ist, so bleibt der Teig nie kleben!

Den Nudelteig bemehlen, auf die ebenfalls gut bemehlte Arbeitsfläche legen und mindestens ½ Stunde rasten lassen. Kleine Teigstücke ausrollen, immer wieder mit Mehl bestäuben, zusammenlegen und erneut ausrollen. Zuletzt den Teig 1 mm dünn ausrollen und auf der Arbeitsfläche 10–15 Minuten antrocknen lassen. Nudeln schneiden, in kochendes Salzwasser geben und etwa 2–3 Minuten kochen. Frische Nudeln brauchen nicht länger!

> Nudeln können gut auf Vorrat gemacht werden. Dazu entweder die fertigen Nudeln auf einem bemehlten Küchentuch antrocknen lassen oder z. B. Lasagneblätter (ca. 8 x 15 cm) schneiden und jedes Blatt in Haushaltsfolie wickeln und einzeln tiefgefrieren.

Variante: Nudelteig aus Dinkelgrieß

500 g Dinkelgrieß,	
4 Eier,	
Galgant	und
Salz	mit einer Gabel gut mischen und zugedeckt über Nacht stehen lassen.

Am nächsten Tag wie oben beschrieben verarbeiten. Diesen Nudelteig nur für die Zubereitung von frischen Nudeln verwenden.

Wähenteig

1 kg Dinkelfeinmehl,	
1 EL Salz,	
Galgant, Bertram	und
Fenchelpulver	gut vermischen.
400 g Butter	in Stückchen auf dem Mehl verteilen und dann mit dem Mehl verreiben.
3 Eidotter	und
300 ml kaltes Wasser	verrühren, dazugeben und rasch einen glatten Teig kneten. Den Teig ausrollen und belegen.

> Dieser Teig lässt sich problemlos auch ohne Ei herstellen. Wassermenge entsprechend erhöhen.

Wähenteig mit Topfen

250 g Topfen,	
100 ml Sonnenblumenöl,	
100 ml Weißwein,	
½ EL Salz,	
Fenchelpulver, Galgant	und
1 KL Weinsteinbackpulver	mit dem Mixer cremig rühren.
500 g Dinkelfeinmehl	teilen. Eine Hälfte einrühren, die zweite Hälfte einkneten. Den Teig ½ Stunde im Kühlschrank rasten lassen.

> Wähenteig zur Vorratshaltung portionieren, in Tiefkühlsäckchen geben, flach drücken und einfrieren.

1–2–3-Mürbteig

200 g Butter	in Flöckchen schneiden und mit
300 g Dinkelfeinmehl	abbröseln. In die Butter-Mehl-Mischung eine Mulde drücken und in diese Mulde
100 g Rohrohrzucker,	
1 Ei,	
Salz	und
Fenchelpulver	geben.

Alles rasch und gründlich durchkneten. Eine Kugel formen und den Teig mindestens 1 Stunde im Kühlschrank rasten lassen. Den Teig anschließend flach drücken, mit etwas Mehl bestäuben und auf einer bemehlten Arbeitsfläche 3–5 mm dick ausrollen. Als Kuchenboden, für Törtchen usw. weiterverarbeiten.

> Wenn man den Zucker weglässt, ist dieser Mürbteig ein schmackhafter Teigboden für pikante Quiches.

Pikanter Quendelmürbteig

1 kg Dinkelfeinmehl,	
300 g Butter,	
2 KL Salz,	
½ KL Galgant,	
2 EL Quendel,	
4 Eier	und eventuell
100 ml Milch	zu einem eher feuchten Mürbteig verarbeiten. Den Quendelteig mindestens 1 Stunde kalt stellen, dann ausrollen und je nach Rezept weiterverarbeiten.

Blitz-Blätterteig

250 g Dinkelfeinmehl,	
½ KL Weinsteinbackpulver,	
1 KL Salz,	
Galgant	und
Fenchelpulver	trocken mischen.
250 g Butter	in Flöckchen schneiden und gemeinsam mit
250 g Topfen	untermischen.

Alle Zutaten rasch und möglichst kühl zu einem Teig verarbeiten. Den Teig ca. ½ Stunde im Kühlschrank rasten lassen. Dann dünn ausrollen, zweimal einschlagen, nochmals ausrollen, wieder einschlagen und erneut ausrollen. Den Blätterteig nun in der gewünschten Art weiterverarbeiten (Spinatkuchen, Blätterteig-Strudel, Kleingebäck ...).

Omelettenteig

3 EL Dinkelfeinmehl,	
200 ml Milch,	
1 Ei,	
Salz	und
Galgant	gut verquirlen und ½ Stunde quellen lassen. In
Butterschmalz	oder Sonnenblumenöl Omeletten backen.

> Es ist wichtig, das Dinkelmehl quellen zu lassen, da es so seinen Geschmack und seine hervorragenden Backeigenschaften am besten entwickelt.

Strudelteig 1

250 g Dinkelfeinmehl	auf die Arbeitsfläche geben und eine Mulde drücken.
1 Ei, 1 EL Sonnenblumenöl, Salz, Fenchelpulver	und
⅛ Liter warmes Wasser	in die Mulde geben und gut verrühren.

Die Zutaten mit dem Mehl von innen nach außen zu einem elastischen Teig verarbeiten. Anschließend eine Kugel formen und diese ca. 1 Stunde unter einer angewärmten Schüssel ruhen lassen.

Den Teig auf einer bemehlten Arbeitsfläche mit dem Nudelholz flach drücken, auf ein bemehltes Tuch legen und mit bemehlten Händen so dünn wie möglich ausziehen. Dicke Ränder wegschneiden.
⅔ des Teiges mit Fülle belegen und den Strudel mit dem Tuch zusammenrollen. Die Enden einschlagen und den Strudel mit dem Tuch so auf das Backblech rollen, dass der Teigschluss nach unten zu liegen kommt.

Die weggeschnittenen Teigränder beliebig formen, mit Sesam oder Mohn bestreuen und mit dem Strudel mitbacken. So erhält man ganz nebenbei knuspriges Aperitifgebäck.

Strudelteig 2 (ohne Ei)

250 g Dinkelfeinmehl, 1 Prise Salz, 1 Prise Fenchel, 1 KL Weißweinessig, ⅛ Liter Wasser	und
3 EL Sonnenblumenöl	(Verarbeitung siehe Strudelteig 1)

Brot

Brot backen

Das Besondere an diesen Brotrezepten ist, dass pro kg Dinkelmehl nur ⅙ Würfel (7 g) Hefe verwendet werden. Das bedeutet, dass das Brot leicht verdaulich ist.
Das Brotbacken gelingt am besten an den Blüten- und Fruchttagen! Wer sich nicht nach dem Aussaatkalender orientiert, sollte auf den aufsteigenden Mond und auf die Sternzeichen Schütze bis Zwilling achten.

Der folgende Arbeitsablauf ist sehr detailliert wiedergegeben, im Grunde aber sehr einfach.

Grundsätzlich gilt:
625 ml bis 650 ml Wasser auf 1 kg Dinkelmehl verwenden. Werden Butter, Eier, Grütze etc. mitverarbeitet, ändert sich das Flüssigkeitsverhältnis etwas.

Das Mehl auf die Arbeitsfläche oder in eine sehr weite Schüssel geben und eine Mulde drücken.
650 ml lauwarmes Wasser in einen engen Krug füllen.

Von diesem Wasser zirka 100 ml in die Mulde gießen. ⅙ Würfel Hefe darin auflösen.
Mit so viel Mehl mischen, bis das so genannte „Teiglein" entsteht. Das ist ein zirka faustgroßes, homogenes Stück Teig.

Dieses Teiglein in den Krug zurücklegen und danach Gewürze, Salz und Zucker in die Mulde geben.
Das Teiglein im Krug „gehen" lassen, bis es obenauf schwimmt.

Das Teiglein in die Mulde gleiten lassen. Mit der Hand unter mehrmaliger Zugabe des restlichen Wassers einen geschmeidigen, sehr flüssigen Teig rühren. Es sollte noch ein großer Mehlkranz übrig bleiben. Nach und nach das restliche Mehl einarbeiten und erst dann kneten.

Dieses Kneten erfolgt sehr sanft, indem man den Teig über die gesamte Arbeitsfläche streift und wieder zurückschiebt. Dies geschieht so lange (ca. 5–10 Minuten), bis sich der Teig gut bindet und sich von der Arbeitsfläche und den Händen löst. Bei dieser Methode verbindet sich das Mehl besser mit der Flüssigkeit und man erhält einen saftigen, feuchten Teig. Sollte der Teig dennoch zu feucht sein, gibt man erst ganz zum Schluss etwas Mehl bei.

Den Teig mit Mehl bestäuben, mit einem Küchentuch abdecken und auf die doppelte Größe „gehen“ lassen. Den Teig nach dem „Gehen“ mit einer Teigkarte von der Arbeitsfläche lösen und aufheben – nicht mehr kneten! Wieder mit Mehl bestäuben, abdecken und ca. 25 Minuten gehen lassen. Diesen Vorgang insgesamt drei Mal wiederholen.

Den fertigen Teig zum Schluss „schleifen“, d. h. in den hohlen Händen auf der Arbeitsfläche drehen, bis der Teig kompakt ist.

Nach Belieben Brote, Laibe oder Kleingebäck formen und aufs Blech setzen. Vor dem Backen werden die Brote mit warmem Wasser bepinselt oder besprüht.
Backtemperatur:
220 Grad, nach 10 Minuten absenken auf 200 Grad.
Backzeit:
Brötchen ca. 25 Minuten,
Laibe ca. 40–50 Minuten.

Fladenbrot

1 kg Dinkelfeinmehl
650 ml Wasser
⅙ Würfel Hefe
3 EL Sonnenblumenöl
1 EL Salz
1 Msp. Galgant
1 Msp. Fenchel
1 Msp. Quendel

Die Zutaten wie im Grundrezept (siehe Seite 149) verarbeiten, dann den Teig ausrollen, auf ein geöltes Blech legen, mit Wasser besprühen, mit Öl einstreichen und mit grobem Salz bestreuen. Zuerst bei 220 Grad, nach 10 Minuten bei 200 Grad insgesamt 20–30 Minuten backen.

Das Fladenbrot eignet sich auch als Pizzateig.

Dinkel-Weißbrot

1 kg Dinkelfeinmehl
625 ml Wasser
⅙ Würfel Hefe
1 EL Salz
3 Msp. Rohrohrzucker
je 2 Msp. Galgant, Bertram,
Fenchel, Ysop

Dieser Teig kann auch gut zur Zubereitung von Salzstängeln, Semmeln oder auch Schweizer Laiben verwendet werden.

Erkältungsbrot

500 g Dinkelfeinmehl
500 g Dinkelvollmehl
650 ml Wasser
1/6 Würfel Hefe
1 EL Salz
3 Msp. Rohrohrzucker
2 KL Pelargonienpulver

Dinkel-Flockenbrot

800 g Dinkelfeinmehl
200 g Dinkelflocken
625 ml Wasser
1/6 Würfel Hefe
1 EL Salz
3 Msp. Rohrohrzucker
je 2 Msp. Galgant, Bertram,
Fenchel, Quendel
1 EL Flohsamen

Dinkelkörnerbrot

1 kg Dinkelfeinmehl
350 g gekochte Dinkelkörner
625 ml Wasser
1/6 Würfel Hefe
1 EL Salz
3 Msp. Rohrohrzucker
je 2 Msp. Galgant, Bertram,
Fenchel, Ysop
1 Msp. Kubeben

Dinkel-Hausbrot

600 g Dinkelfeinmehl
200 g Dinkelvollmehl
200 g Dinkelflocken
½ Liter Wasser
1 Becher Naturjoghurt (180 g)
⅙ Würfel Hefe
1 EL Salz
3 Msp. Rohrohrzucker
2 Msp. Galgant
2 Msp. Bertram
2 Msp. Kubeben
1 EL Flohsamen oder 100 g Sonnenblumenkerne

> Flohsamen sind eine Spitzwegerichart und wirken verdauungsfördernd. Sie werden anstatt Leinsamen eingesetzt.

Sonnenblumenbrot

800 g Dinkelfeinmehl
100 g Dinkelflocken
200 g fein gehackte, geröstete Sonnenblumenkerne
600 ml Wasser
⅙ Würfel Hefe
2 Msp. Galgant
2 Msp. Bertram
2 Msp. Fenchel
2 Msp. Ysop
2 Msp. Kubeben
2–3 KL Meersalz
2 Msp. Rohrohrzucker

Dinkelzopf

1 kg Dinkelfeinmehl
600 ml Milch oder Milchwasser
½ Würfel Hefe
1 Eidotter
100 g flüssige Butter
2 KL Salz
2–3 EL Rohrohrzucker
1 Msp. Galgant
1 Msp. Bertram
1 Msp. Fenchel

2 Zöpfe flechten und mit Milch bestreichen.
Bei 160 Grad ca. 50 Minuten backen.

Gewürzfladen

800 g Dinkelvollmehl
200 g Dinkelfeinmehl
600 ml Wasser
⅙ Würfel Hefe
100 g zerlassene Butter
1 EL Salz
1 Msp. Galgant
1 Msp. Bertram
1 Msp. Fenchel — und nach Belieben
1 Msp. Kreuzkümmel

Den Teig wie im Grundrezept (siehe Seite 149) zubereiten und in drei Portionen aufteilen. Dann dünn ausrollen und auf ein geöltes Blech legen. Mit Wasser besprühen, Rauten schneiden und mit Sonnenblumenkernen, Mohn oder Kümmelsamen bestreuen.
Bei 250 Grad nur 10 Minuten backen und sofort vom Blech nehmen.

Indisches Fladenbrot
(ohne Hefe)

300 g Dinkelvollmehl
200 ml Milch-Wasser
1 KL Salz
½ KL Koriander
½ KL Kreuzkümmel

Die Zutaten in eine Schüssel geben und zu einem eher festen Brotteig kneten. Den Teig mindestens 2 Stunden (besser noch über Nacht) ruhen lassen, anschließend nochmals gründlich durchkneten und walnussgroße Kugeln formen. Die Kugeln auf eine bemehlte Arbeitsfläche geben und so dünn wie möglich kreisförmig ausrollen. Den Teig beim Ausrollen gut bemehlen, damit er nicht zusammenklebt! Die Teigkreise mit flüssiger Butter bestreichen, mit Sesam bestreuen und in die Hälfte legen. Die Halbkreise wieder mit Sesam bestreuen, mit Butter beträufeln und ins Viertel legen.

Schließlich die Teigviertel auf ein Backblech geben, mit Wasser besprühen und bei 220 Grad etwa 10 Minuten backen.

> Zu den Fladenbroten schmeckt hervorragend der Griechenklee-Topfenaufstrich oder ein Kreuzkümmel-Dip.

Focaccia

1,5 kg Dinkelfeinmehl
900 ml Wasser
200 ml Weißwein
5 EL Öl
½ Würfel Hefe
1 KL Zucker
3 KL Salz
8–10 fein gehackte Salbeiblätter oder
einige Rosmarinnadeln

Diesen Teig in einer großen Schüssel nach dem Grundrezept zubereiten und nicht auf der Arbeitsfläche kneten. Den eher flüssigen Teig mindestens 2 Stunden rasten lassen. Dann mit dem Teigschaber auf 2 Backbleche verteilen. Mit kalten Butterflocken und grobem Salz bestreuen. Bei 200 Grad auf der unteren Schiene ca. 30–35 Minuten backen und noch 10 Minuten im ausgeschalteten Rohr stehen lassen.

Variante:

2 große Zwiebeln Salz	in grobe Ringe schneiden, mit mischen und mind. ½ Stunde ziehen lassen.

Den Teig vor dem Backen mit Sonnenblumenöl bestreichen.
Die Zwiebelringe in einem Tuch ausdrücken und 15 Minuten vor Ende der Backzeit auf der Focaccia verteilen.

> Brot backen macht Freude, denn man nimmt die Ernährung verantwortungsvoll „in die eigene Hand". Am besten legt man einen richtigen Backtag ein und friert die fertig gestellten Brote ein.

Laugenbrot

1 kg Dinkelweißmehl
325 ml Wasser
300 ml Milch
½ Würfel Hefe
50 g flüssige Butter
1 EL Meersalz
je 2 Msp. Galgant, Bertram

> Die restliche Lauge kann im Kühlschrank einige Monate aufbewahrt werden.

Lauge:
600 ml Wasser
50 g Natronpulver und
1 KL Meersalz zum Kochen bringen und auskühlen lassen.

Den Teig 2 Mal gehen lassen und dann zu Brötchen formen. Diese nochmals gehen lassen und mit warmer Lauge bestreichen. Im unteren Teil des Backrohrs ca. 15 Minuten backen.

Pizzateig

1 kg Dinkelfeinmehl
625 ml Wasser
⅙ Würfel Hefe
1 EL Salz
1 Msp. Galgant
1 Msp. Fenchel
1 Msp. Quendel

Den Teig ausrollen, auf 3 geölte Bleche verteilen und nach Belieben belegen.

> Pizzaböden können gut auf Vorrat gemacht werden: Den Teig ohne Belag ca. 3 Minuten backen, auskühlen lassen und dann einfrieren.

Brotfladen zum Füllen

Aus halb Dinkelfeinmehl und halb Weizenvollmehl einen Pizzateig (siehe Seite 158) zubereiten. Kleine Teigstücke so ausrollen, dass zungenförmige Fladen entstehen. Bei 200 Grad ca. 20 Minuten backen. Nach Belieben füllen.

> Wenn die Fladen flach bleiben sollen, mit einer Gabel mehrmals einstechen.

> Nach Hildegard hat Weizen nur als Vollmehl alle wichtigen Vitalstoffe. Dinkel hingegen auch als Feinmehl.

Polentabrot

600 g Dinkelfeinmehl
150 g Maisgrieß
1/6 Würfel Hefe
400 ml Wasser
1 EL Salz
1 EL Zucker
je 1 Msp. Galgant, Bertram
1/8 Liter Sonnenblumenöl
100 g gehackte Walnüsse

> Bei diesem Brot ist es besonders wichtig, den Teig lange genug „gehen" zu lassen! Es ist grobkrumig und schmeckt ganz frisch am besten.

Getränke

Melissensirup

4 Tassen Melissenblätter,
4 kg Zucker,
4 Zitronen, in Scheiben geschnitten,
50 g Zitronensäure und
2 Liter Wasser kalt anrühren.

5–6 Tage an die Sonne stellen. Jeden Tag 2 Mal umrühren, damit sich der Zucker mit der Flüssigkeit vermischt. Anschließend den Melissensaft abseihen und in saubere Flaschen füllen.

> Melissenblätter können sowohl frisch als auch getrocknet für die Zubereitung von Tees verwendet werden.

Krauseminzesirup

4 Tassen Krauseminzeblätter,
4 kg Zucker,
4 Orangen, in Scheiben geschnitten,
50 g Zitronensäure und
2 Liter Wasser kalt anrühren.

5–6 Tage an die Sonne stellen. Jeden Tag 2 Mal umrühren, damit sich der Zucker mit der Flüssigkeit vermischt. Anschließend den Krauseminzesaft abseihen und in saubere Flaschen füllen.

> Die Flaschen vor dem Abfüllen gut waschen und dann 10 Minuten in ein auf 100 Grad aufgeheiztes Backrohr stellen. Auf diese Art werden die Flaschen keimfrei gemacht.

Himbeersaft

2 Tassen Himbeeren	mit
¾ l Liter Wasser	zum Kochen bringen,
2–3 EL Rohrohrzucker	beifügen und auskühlen lassen. Je nach Geschmack noch einige Tropfen Zitronensaft beifügen.

Wird dem Himbeersaft noch etwas Galgantpulver (Galgant besitzt eine entzündungshemmende und antivirale Wirkung) zugegeben, dann erhält man ein wertvolles Heilmittel, das bei jedem grippalen Infekt unbedingt zum Einsatz kommen sollte. Kindern wird es warm verabreicht. Auch Kopfschmerzen bei Fieber können mit dem Himbeer-Galgant-Saft erstaunlich rasch beseitigt werden!

Johannisbeersirup

1 kg Johannisbeeren	(rot oder schwarz) mit
½ Tasse Wasser	zum Kochen bringen und so lange kochen lassen, bis die Früchte platzen. Den Saft durch ein Tuch rinnen lassen, mit
300 g Rohrohrzucker	nochmals zum Kochen bringen und anschließend in Flaschen füllen.

Alle roten Früchte (Johannisbeeren, Himbeeren, Brombeeren, Maulbeeren) sind besonders vitaminreich und eignen sich zur Herstellung von Säften.

Quitten-Likör

1½ kg rohe Quitten	säubern, grob in eine Schüssel raffeln, mit einem Tuch bedecken und über Nacht kalt stellen. Am nächsten Tag durch ein Tuch pressen, das ergibt ca. ½ Liter Saft.
½ Liter Quittensaft	mit
150 g Rohrohrzucker	aufkochen, bis sich der Zucker auflöst. Das Ganze abkühlen lassen und dann mit
½ Liter Cognac	und
1 EL Korianderkörnern	mischen und in Flaschen füllen. Bei Zimmertemperatur 3 Monate ziehen lassen.

Quittensaft

	Von
1½ kg rohen Quitten	die Blüten und Stiele entfernen, mit dem Kerngehäuse in Scheiben schneiden und mit
½ kg Rohrohrzucker	und
1½ Liter Wasser	etwa 1 Stunde weich kochen.

Dann über Nacht stehen lassen, damit der Saft schön rot wird. Den Saft am nächsten Tag durch ein Tuch abrinnen lassen, etwa 3 Minuten aufkochen lassen und heiß in Flaschen füllen. Den Quittensaft je nach Geschmack entweder mit Wasser verdünnen oder mit einem Schuss Rotwein oder einem Schuss Rum und Eiswürfeln als Long-Drink servieren!

> Schnäpse werden von Hildegard nicht erwähnt. Sie sind „gebrannt" und belasten daher die Leber. Selten getrunken, gelten sie als Genussmittel für Gesunde.

Frühstück

Dinkelkörner-Mus

1 Apfel	schälen und in Würfel schneiden. Mit
1 EL Dinkelgrieß	in
50 ml Wasser	aufkochen und kurz quellen lassen.
5–6 EL Dinkelkörner,	gekocht,
1 Prise Zimt,	
1 KL Rohrohrzucker	und eventuell
3 EL Naturjoghurt	unterrühren.

Dinkel-Habermus

1 Tasse Dinkelvollmehl	oder Dinkelflocken,
1–1½ Tassen Wasser,	
1 Prise Salz	und
1 Prise Zimt	unter Rühren ca. 7 Minuten köcheln lassen. Das Dinkel-Habermus mit etwas gereinigtem
Bienenhonig	süßen und mit
gehackten Mandeln	bestreuen.

Variante: Das Dinkel-Habermus mit Naturjoghurt oder mit Kompott vermischen.

> Das Dinkel-Habermus ist ein Frohmacher. Es stimmt den Magen ein, regt die Verdauung an und macht überhaupt leistungsfähiger.

> Das Frühstück ist die erste und zugleich wichtigste Mahlzeit des Tages. Es sollte in Ruhe eingenommen werden – am besten nach einer Meditation und/oder einigen Minuten Morgengymnastik. Zudem sollte das Frühstück immer wohltemperiert sein und Dinkel beinhalten.

Hafermus

150 ml Wasser,	
5 EL Haferflocken,	
1 EL Rosinen,	
1 Prise Gewürzpulver	(siehe Seite 131),
wenig Zucker	zusammen aufkochen und 5 Minuten auf der ausgeschalteten Herdplatte quellen lassen. Nach Belieben
Naturjoghurt	unterrühren.

> Hafer ist ein wertvolles, wärmendes Getreide, für Schwerkranke aber nicht zu empfehlen.

Flockenmus

150 ml Wasser,	
3 EL Dinkelflocken	und
2 EL Dinkelvollgrieß	zusammen aufkochen.
1 Apfel	dazuraffeln und alles 5 Minuten auf der ausgeschalteten Herdplatte quellen lassen. Nach Belieben
Naturjoghurt	unterrühren.

Dinkelbrot

Auch gut gekautes Brot entspricht der Hildegard-Empfehlung, zum Frühstück immer einen warmen Brei zu sich zu nehmen.

> Maronihonig sollte immer auf Vorrat gemacht werden. Er eignet sich als Brotaufstrich genauso wie zum Verfeinern von Salatsaucen.

Maronihonig

500 g Bienenhonig	unter ständigem Rühren langsam erwärmen, bis sich ein Schaum bildet. Diesen abschöpfen und
150–200 g Maronimehl	einrühren. In Gläser füllen und auskühlen lassen.

> Maronihonig stärkt die Leber. Bei Bedarf über einen längeren Zeitraum morgens nüchtern 1 Kaffeelöffel Honig einnehmen.

Frühstückstee

1 KL Fenchel	und/oder Kräuter (Rosenblütenblätter, Orangenblüten, Mariendistel) mit
1 Liter kaltem Wasser	aufsetzen. Kurz vor dem Siedepunkt von der Herdplatte wegnehmen, 2–3 Minuten ziehen lassen und abseihen.

Energietee

Stellen Sie aus folgenden Zutaten eine Mischung nach Ihrem ganz persönlichen Geschmack her: Fenchel, Rosenblütenblättern, Orangenblüten, Muskatblüten, Mariendistel, zerstoßenen Nelken und zerstoßenen Galgantwurzeln. Tee sollte generell schwach zubereitet werden und nur 2–3 Minuten ziehen.

1–2 KL	Kräutermischung mit
1 Liter kaltem Wasser	aufsetzen. Zubereitung siehe oben.

> Orangensaft hat kühlende Wirkung und ist deshalb ideal bei Fieber und im Sommer. Er ist jedoch kein ideales Frühstücksgetränk!

Das Wichtigste in Kürze

Backzeiten	sind bei jedem Herd unterschiedlich, unsere Angaben sind Circa-Zeiten.
Backtemperaturen	sind in unseren Rezepten immer auf Heißluft abgestimmt.
Dinkel	ist das wichtigste Getreide in der Hildegardküche. Kaufen Sie nur reinen Dinkel. Echte Dinkelsorten sind: Oberkulmer Rotkorn, Ebners Rotkorn, Bauländer Spelz, Schwabenkorn und Ostro. Ein ausführliches Kapitel darüber finden Sie im Buch „EINFACH LEBEN“.
Einkauf	Versuchen Sie bewusst heimische und naturbelassene Lebensmittel zu kaufen.
Gewürze	sind Geschmackssache und können nach Ihren persönlichen Vorlieben variiert werden.
Hildegard-Lehre	Hildegard gab zahlreiche Hinweise, wie ein sinnerfülltes Leben möglich ist. Neben der richtigen Ernährung spielen die Lebensführung und die Heilmittel eine große Rolle. Einen Einstieg in diese Lehre bietet „EINFACH LEBEN“.
Mengenangaben / Abkürzungen	EL – Esslöffel KL – Kaffeelöffel Msp. – Messerspitze Tasse – 150 ml Prise – die Menge, die zwischen 2 Fingern Platz hat.

Wo keine Mengenangaben sind, würzen Sie bitte ganz nach Ihrem Geschmack. Was für einen mild ist, kann für den anderen bereits würzig oder gar scharf sein. Alles ist erlaubt!

Rezeptmengen

Alle Rezepte sind für 4 Personen berechnet.

Subtilität

ist ein wichtiger Begriffe in der Hildegardküche. Subtilität ist die spezifische Wirkung von Nahrungsmitteln, die nach Hildegard warm, kühl, feucht und trokken wirken können. Manche Nahrungsmittel wirken aber auch froh machend bzw. dämpfend auf die Stimmung. Hildegards Beschreibung der Nahrungsmittel deckt sich mit den Angaben der TCM (Traditionellen Chinesischen Medizin).

Tiefgefrieren

Frisch gekochte Speisen sind tiefgefrorenen vorzuziehen. Allerdings ist es heute oft notwendig, „schnell etwas auf den Tisch zu bringen". In diesem Fall sind selbst gemachte und dann tiefgekühlte Gerichte immer besser als Fast Food und Tiefkühlkost aus dem Handel.

Wähe

ist ein Schweizer Ausdruck für einen Kuchenteig. Er ist leicht herzustellen und für süße und pikante Gerichte geeignet.

Zesten

sind mit einem „Zestenschneider" gerissene Schalen von Zitronen. Dieses kleine Küchengerät ist eine große Hilfe für alle, die gerne und oft Zitronenschalen zum Kochen und Backen verwenden.

Register

Um das Nachschlagen der Rezepte zu erleichtern, haben wir im Stichwortregister vielfach auf den Begriff „Dinkel“ verzichtet. Die auf den Seiten 11 bis 17 in alphabetischer Reihenfolge angeführten Gewürze scheinen im Register nicht auf.